Primaria

Lengua 4

Tercer trimestre

Maite Burruezo Ordóñez
Silvia Martínez Heredia
Ana Paula Moreno Agud
Sandra Tolsada Lozano

ANAYA

Conoce tu libro

Así se organizan los contenidos

En cada unidad irás descubriendo los contenidos sobre los que investigar.

La realización de las actividades te permitirá mejorar tus estrategias de aprendizaje, tu autonomía y conocimientos.

Algunas de ellas, además, fomentan:

- La comprensión y la expresión
- Desarrollo del pensamiento
- El aprendizaje cooperativo
- La competencia emocional
- La cultura emprendedora
- La competencia digital
- La evaluación del aprendizaje

Cuando veas (icono wifi), encontrarás en la web información complementaria.

Así se aplican los contenidos

METODOLOGÍA — Aprendizaje competencial

Cada unidad comienza con un estímulo, una situación que plantea una curiosidad, una duda... → **La situación da lugar a una pregunta, a un RETO.** →

Accede a la web

www.anayaeducacion.es

1 Entra en la web de Anaya Educación y haz clic sobre:

2 Haz clic sobre **Nuevo usuario** y rellena el formulario.

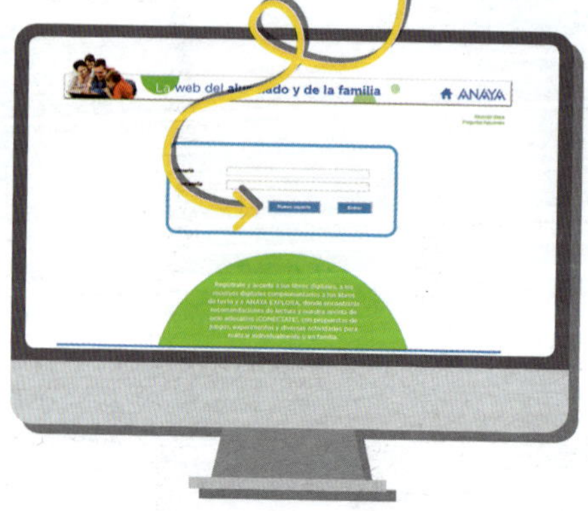

Para darte de alta en la web, debes tener el permiso de tu padre, madre, tutor o tutora legales.

Recibirás un correo electrónico en el *mail* con el que te has registrado. A partir de entonces, podrás acceder a toda la información de la web.

Zona de expresión y zona creativa

En algunas páginas encontrarás propuestas para que trabajes tu expresión oral y escrita y tu creatividad literaria.

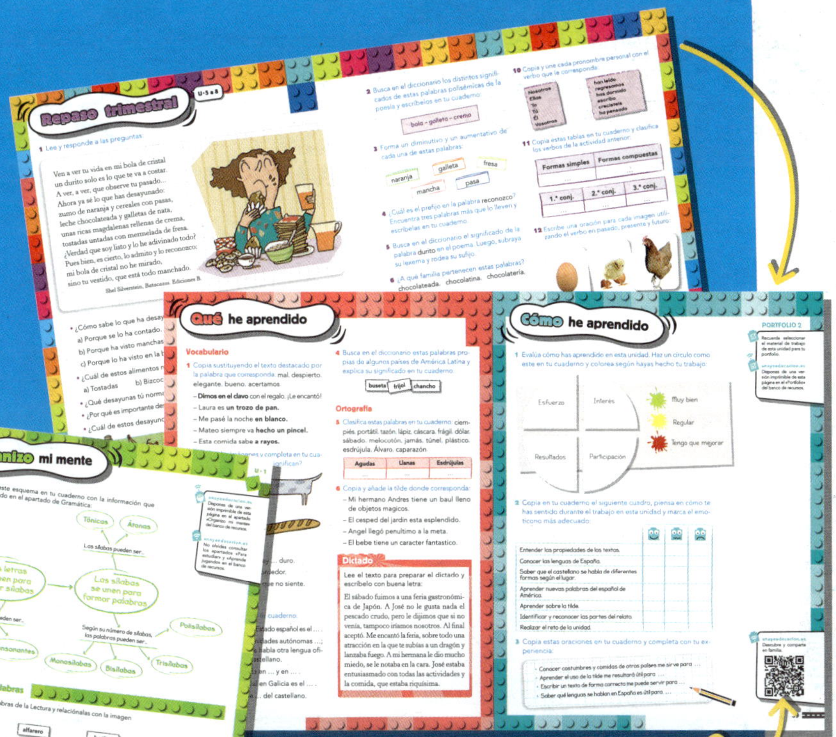

Páginas especiales

Al finalizar cada unidad encontrarás unas páginas que te ayudarán a:

- Organizar tu mente.
- Comprobar qué has aprendido.
- Reflexionar sobre cómo has aprendido.

Y un repaso trimestral.

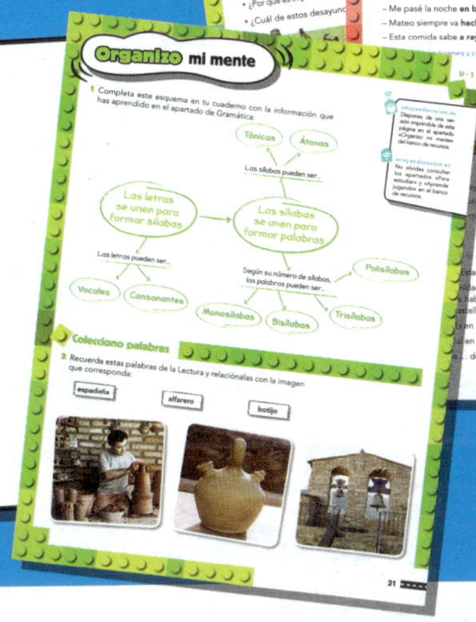

Comparte los códigos QR en familia.

Para superar el reto, tendrás que INVESTIGAR y APRENDER los contenidos.

Podrás demostrar que has superado el reto aplicando lo que has aprendido en la realización de un PRODUCTO FINAL.

Sigue los pasos que verás indicados en la unidad.

Consulta el banco de recursos

1. Añade tu libro: accede a **Mis recursos** y haz clic sobre el botón **+ Añadir licencia** y, en la ventana que aparece, escribe el código que hay detrás de la cubierta de tu libro.

2. Se mostrará la imagen de la web del libro.

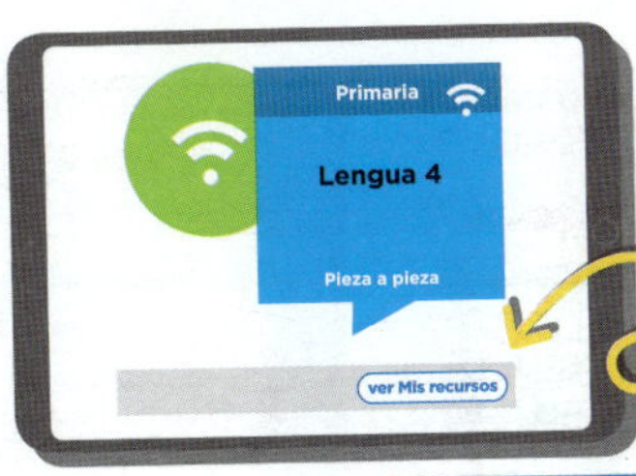

Haz clic sobre: **ver Mis recursos**

Y elige tu comunidad:

3. Haz clic sobre el botón **Banco de recursos** para abrir el menú desplegable en el que aparecen tus recursos.

Los contenidos

y aprendo

9 Disfrutamos de la poesía

La poesía nos invita a utilizar las palabras de una manera sorprendente y a compartir nuestro mundo interior con los demás... ¡Vamos a disfrutar de la poesía!

Te proponemos un reto

¿Te atreves a participar en un recital poético?

Para superar el reto... investigo y aprendo

- Lectura: *El mejor regalo para Hugo*
- Palabras compuestas
- El diario
- Adverbios, preposiciones y conjunciones
- Palabras con *h*
- La poesía

Para demostrar que lo he superado participo en... un recital poético

Paso 1. Seleccionamos una persona especial sobre quien escribir un poema.

Paso 2. Escribimos un poema sobre la persona especial elegida.

Paso 3. Organizamos un recital poético.

Antes de leer

- Lee los títulos de las poesías de la Lectura: ¿de qué crees que tratarán?
- Escucha el texto de la Lectura.

Vocabulario

Violetas: flores moradas de suave olor.

Retumba: resuena.

Gloria: felicidad, satisfacción.

Pasión: entusiasmo.

Barquichuelo: barco pequeño.

Lectura compartida

El mejor regalo para Hugo 11

Un día, Susana se despidió de nosotros. El curso había terminado y ella se marchaba a otro colegio. Pensé que no volveríamos a verla y eso me llenó de tristeza. Mientras yo recogía los libros y los guardaba en la mochila, se acercó a mí, me tomó de la mano y me pidió que la acompañara a la sala de profesores. Susana olía intensamente a violetas.

—Quiero hacerte un regalo que has de guardar como se guarda un secreto —lo dijo cogiéndome las manos.

No sé lo que dije, ni siquiera recuerdo si respondí a sus amables palabras, pero ella siguió hablándome a los ojos mientras sacaba de su bolso de maga un libro dorado y azul.

—Son mis poemas favoritos. En este libro encontrarás versos para pensar, versos para divertirte, versos para reír y versos para saber lo que le ocurre a tu corazón.

Nos despedimos con un abrazo tan dulce como ella.

No sé si volveremos a vernos. Pero ahora me siento muy feliz. He cumplido nueve años, he pasado a cuarto y tengo un libro que me ha regalado Susana. Lo leo cada noche. Y cada noche siento que estos poemas que guardo en el cajón de mi mesa son un gran secreto, el mejor de los secretos.

EN LAS MAÑANICAS

En las mañanicas
del mes de mayo,
cantan los ruiseñores,
se alegra el campo.
En las mañanicas
como son frescas,
cubren los ruiseñores
las alamedas.
Ríense las fuentes
tirando perlas
a las florecillas
que están más cerca.
Vístense las plantas
de varias sedas,
que sacar colores
poco les cuesta.
Los campos alegran
tapetes varios;
cantan los ruiseñores
retumba el campo.

Lope de Vega

YA VIENE LA PRIMAVERA

Ya viene la primavera.
¡Lo ha dicho la estrella!
La primavera sin mancha.
¡Lo ha dicho el agua!
Sin mancha y viva de gloria.
¡Lo ha dicho la rosa!
De gloria, altura y pasión.
¡Lo ha dicho tu voz!

Juan Ramón Jiménez

EL BARQUITO DE PAPEL

Con la mitad de un periódico
hice un barco de papel;
en la fuente de mi casa
le hice navegar muy bien.

Mi hermana con su abanico
sopla, y sopla sobre él.
¡Buen viaje, muy buen viaje,
barquichuelo de papel!

Amado Nervo

José Luis Ferris, *El sabor de las palabras. Antología poética*. Ed. Anaya.

Comprensión lectora

Contestamos el test

1 ¿Quién cuenta la historia?
a) Un niño de nueve años.
b) Una maestra que se despide.
c) Otra persona.

2 ¿Quién es Susana?
a) Una maga.
b) Una amiga.
c) Una maestra.

3 ¿Qué regalo recibió Hugo?
a) Un libro dorado y azul.
b) Un cajón lleno de poemas.
c) Un ramo de violetas.

4 ¿Por qué se lo regaló?
a) Para darle la bienvenida.
b) Como regalo de despedida.
c) Como regalo de cumpleaños.

5 ¿Qué contenía el libro?
a) Trucos de magia.
b) Un diario lleno de secretos.
c) Los poemas favoritos de Susana.

6 ¿Dónde está guardado ahora el libro?
a) En la mochila.
b) En una estantería.
c) En el cajón de una mesa.

Nos acercamos al texto

7 ¿Con cuál de estas imágenes asociarías los tres poemas que has leído? Justifica tu respuesta.

A

B

C

Entendemos la lectura

8 ¿Cuál es el título de la Lectura? ¿Por qué crees que se titula así?

9 ¿Cómo crees que era la relación que mantenía Susana con sus alumnas y alumnos? Argumenta tu respuesta.

10 ¿Cómo se sentía Hugo el día que se despidió de Susana y cómo se siente ahora? Elige la serie correcta y explica por qué.

11 ¿Por dónde navega el barquito de papel? Dibújalo en tu cuaderno.

12 ¿Quién es el autor del poema «Ya viene la primavera»?

Reflexionamos

13 ¿Qué tienen en común los poemas «Ya viene la primavera» y «En las mañanicas»?

14 Círculo de puntos de vista Los poemas del libro de Hugo sirven para pensar, divertirse, reír y para saber lo que ocurre en su corazón. Explica brevemente qué es para ti la poesía.

15 El barquito navega gracias al viento que genera un abanico. Piensa en otras maneras para hacer que navegue un barquito de papel.

anayaeducacion.es Completa en la web tu ficha de lectura.

Palabras compuestas

1 Une cada uno de estos verbos al nombre del dibujo que le corresponda. ¿Qué palabra resulta?

cuenta quita para

Las **palabras compuestas** están formadas por dos o más palabras simples.

A veces, al unir varias palabras simples para formar una compuesta cambia alguna letra: *punta + aguda = puntiaguda*.

2 Relaciona las filas de palabras simples para formar palabras compuestas:

boca	espanta	gira	lava	balón
vajillas	sol	calle	cesto	pájaros

3 Identifica las palabras compuestas. ¿A partir de qué palabras simples se han formado?

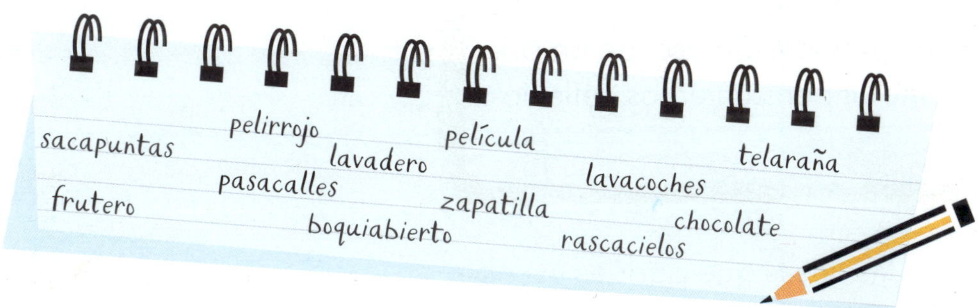

4 Inventa cuatro palabras compuestas a partir de estas simples y comparte con la clase el significado de cada una:

protege	pluma	seca	perros	uñas
lana	gira	calcetines	lava	suelo

Las palabras compuestas **se acentúan igual que las simples.** Ejemplos: *paracaídas, mediodía.*

5 Copia estas palabras compuestas en tu cuaderno poniendo la tilde cuando sea necesaria: pasapures, ciempies, rompecabezas, rascacielos, puntapie, trabalenguas, traspies, hojalata, baloncesto, portalamparas, portamaletas, aguafiestas, puercoespin, alicaido, abrefacil.

¡Comunícate!

El diario

1 Lee este texto. ¿De qué tipo de texto crees que se trata?

Miércoles, 11 de mayo

Hoy es mi cumpleaños y he decidido empezar a escribir este diario. Creo que será muy divertido anotar las cosas importantes que me suceden, quiénes son mis mejores amigas y mis mejores amigos, las cosas que me preocupan o me dan miedo, mis deportes favoritos... ¡y mis secretos! Pero antes de nada, voy a presentarme: me llamo Álex Martínez y estoy en cuarto de Primaria.

2 Copia y rellena esta ficha con los datos del texto anterior:

- ¿Quién escribe?: ...
- ¿Cuándo lo escribe?: ...
- ¿Qué cosas va a contar en su diario?: ...
- ¿Cómo empieza?: ...

El **diario** es un tipo de texto en el que contamos las cosas importantes que nos suceden día tras día. Se escribe en primera persona y también puede incluir pensamientos, reflexiones y sentimientos personales.

3 Asamblea de ideas Copia en tu cuaderno las cosas que podrías escribir en tu diario.

4 Infórmate en Internet sobre estos libros y responde a las preguntas:

Diario del autobús de la línea 3. *Diario de Ana Frank.* *Diario de Greg.* *Diario de Zlata.*

- ¿Quién escribe cada diario?
- ¿Es un personaje real o imaginario?

5 Lee el siguiente fragmento de un diario. ¿Cómo crees que se siente la persona que lo escribe?

Domingo, 8 de septiembre

Me aterroriza que el fin de semana se esté acabando y tener que volver mañana al colegio. Ha pasado una semana entera y todavía no he hecho ni un solo amigo. Noto una sensación de... soledad APLASTANTE... asentada en el interior de mi estómago, como

si fuera un SAPO enorme, gordo y tóxico.

Me estoy planteando seriamente pedir a mis padres que me dejen regresar al centro de la ciudad y quedarme a vivir allí con la abuela, de manera que pueda volver a mi antiguo colegio.

Tampoco es que fuera un colegio perfecto. Pero daría cualquier cosa por volver a estar con mis amigos de la clase de Arte. ¡Cómo los echo de menos!

Rachel Renée Russell, *Diario de Nikki: Crónicas de una vida muy poco glamurosa*. Ed. Molino.

Zona de expresión

Escribe en tu cuaderno la primera página de tu diario personal. Para ello:

- Anota la fecha en la esquina superior derecha.
- Preséntate: escribe tu nombre y tu edad.
- Piensa en algo importante que te haya sucedido, en un sentimiento o en una reflexión personal, y escríbelo. ¡Recuerda que debes emplear la primera persona!
- Revisa lo que has escrito y aplica las correcciones necesarias.
- Ilustra tu diario con un dibujo, una fotografía, una poesía…

Paso 1 2 3

Seleccionamos una persona especial sobre quien escribir un poema.

- Busca la fotografía de una persona especial de tu familia.
- La imagen Observa la fotografía y responde a estas preguntas: ¿cómo es?, ¿qué momentos importantes has vivido con ella?, ¿por qué la has elegido?, ¿qué te hace sentir?

Adverbios, preposiciones y conjunciones

1 ¿Dónde está Pepa? Completa las oraciones en tu cuaderno:

Pepa está … de la caja.

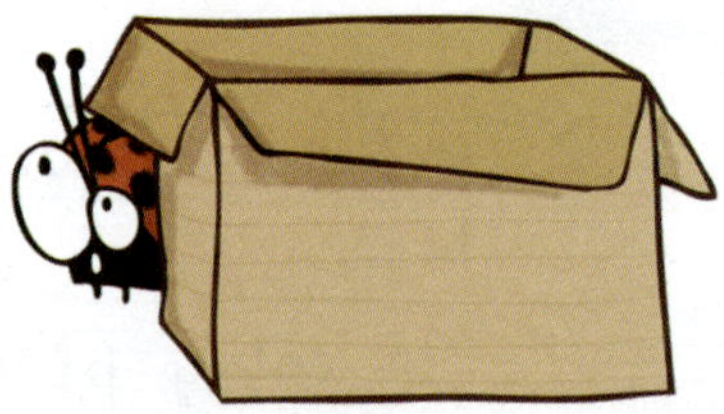

Pepa está … de la caja.

Pepa está … de la caja.

Los **adverbios** son palabras invariables que expresan circunstancias de lugar (¿dónde?), tiempo (¿cuándo?), modo (¿cómo?)…

El adverbio puede complementar a un verbo *(Susana se va* ***mañana****)*, a un adjetivo *(El libro es* ***bastante*** *grande)* o a otro adverbio *(La profesora lee* ***muy*** *bien)*.

Ejemplos de adverbios

- De **lugar:** *cerca, lejos, aquí, allí, arriba, abajo, delante, detrás, dentro, fuera…*
- De **tiempo:** *ayer, hoy, mañana, ahora, antes, después, pronto, tarde, siempre, nunca…*
- De **modo:** *bien, mal, regular, despacio, así, rápidamente, cómodamente…*

2 Clasifica estos adverbios en tu cuaderno: cuidadosamente, fuera, ahora, tarde, delante, deprisa, lejos, ayer, mejor.

Lugar	Tiempo	Modo
…	…	…

3 Copia y sustituye las palabras destacadas por un adverbio:

– Susana nos trató **con amabilidad.**

– El colegio está **a mucha distancia** de mi casa.

– Hoy es martes; la fiesta de Lucas es **el miércoles.**

– **Todos los días** llegas tarde.

– Tu libro está **en el interior** de la caja.

4 Forma adverbios de modo añadiendo el sufijo -mente y escribe una oración con cada uno: dulce, triste, lenta, furiosa, tranquila.

5 Completa en tu cuaderno utilizando un adverbio de cada tipo:

– Juan y María llegaron…

– Está nevando…

– La profesora lo dijo…

6 Completa en tu cuaderno lo que dicen estas ranas, a la derecha, utilizando las palabras hasta y desde.

Las **preposiciones** son palabras invariables que sirven para relacionar unas palabras con otras.

Son **preposiciones:** *a, ante, bajo, con, contra, de, desde, durante, en, entre, hacia, hasta, mediante, para, por, según, sin, sobre, tras.*

7 Copia esta poesía y rodea las preposiciones:

Un soplacoplas te doy;
llénalo pronto y aprisa
con agüita de palabras
para hacer pompas de risa.

Cecilia Pisos, *Soplacoplas.*
Ed. Anaya.

8 Copia y completa las oraciones en tu cuaderno:

– Es una escultura … mármol.
– Andrés corría … el camino.
– Conocimos … hermano de María.
– En casa yo me ocupo …. jardín.
– Vivimos aquí …. hace dos años.

Recuerda

a + el → al

de + el → del

Las **conjunciones** son palabras invariables que sirven para unir…

- palabras: *fútbol* **y** *baloncesto;*
- oraciones: *Haz ejercicio* **y** *bebe agua.*

9 ¿Qué conjunción encuentras en la poesía de la actividad 7?

10 Completa en tu cuaderno utilizando conjunciones:

María … Iván desayunan leche y tostadas … mantequilla.	No me gustan las zapatillas azules … las negras.	Corrí todo lo que pude, … cuando llegué estaba cerrado.

anayaeducacion.es Realiza la actividad que se propone en el apartado «Recursos por unidad».

Palabras con *h*

1 Lee este fragmento del diario de Marc, fíjate en las palabras destacadas y contesta a las preguntas en tu cuaderno:

> Durante el recreo, Irene y yo **hemos** decidido **hablar** con el resto de la clase para contarles lo que **hemos hallado** y qué vamos a **hacer** con nuestro descubrimiento.

- ¿Qué han decidido hacer Irene y Marc?
- ¿Qué han contado al resto de la clase?

Se escriben con **h** las formas de los verbos **hacer, haber, hablar, hallar, habitar.**

2 Completa estas oraciones con la forma verbal adecuada de los verbos hacer, haber, hablar, habitar y hallar:

– La semana pasada se … un barco hundido muy antiguo.
– Lucía y Andrea están … una escultura con arcilla.
– Nosotros … organizado el viaje.
– Ayer Carmen me … de una película muy divertida.
– Los siux … las llanuras de Estados Unidos.

3 Une a la sílaba ha- estas desinencias para encontrar formas verbales de los verbos hacer, haber, hablar y hallar:

Ha-				
-blaban	-bía	-llé	-cemos	-brán
-bitas	-llarán	-bré	-blarán	-go

4 Copia y completa este texto con el verbo que corresponda:

hacer - hallar - han - hablar - habitar

En los últimos años, muchas reuniones científicas se … dedicado a … sobre el tema de si el ser humano puede o no … otros planetas. De momento no ha sido posible … la respuesta definitiva, pero las investigaciones avanzan hacia cómo … viable la vida en otros lugares del universo.

5 Copia y completa en tu cuaderno estas oraciones:

El … es agua en estado sólido.

El perro siguió las … del gato.

El cascarón del …. se rompió.

Se escriben con **h** las palabras que empiezan por **hie-, hue-, hui-.**

6 Encuentra y escribe la palabra que corresponde a cada definición:

– Terreno donde se cultivan frutas y hortalizas.
– Espacio vacío por dentro.
– Escaparse rápidamente de un lugar.
– Animal mamífero que come carroña.
– Metal muy duro y de color gris.

7 Encuentra la palabra que falta y escribe dos oraciones con ella:

El fémur es el más largo.
El más corto es el estribo.
Hay … con forma plana
y otros que son ¡un martillo!

S. Pinto y M.ª I. Fuentes. *Curiosidades en verso. El cuerpo humano*. Ed. Anaya.

1 2 Paso 3

Escribimos un poema sobre la persona especial elegida.

- Selecciona las palabras que quieres utilizar en el poema a partir de tus respuestas a las preguntas del paso 1 y busca palabras que rimen con ellas, es decir, que terminen igual.
- Escribe una poesía de cuatro estrofas utilizando esas palabras.
- En la primera estrofa presentarás a la persona elegida («Mi persona especial es…»); en la segunda hablarás de cómo es; en la tercera describirás algún momento importante vivido junto a ella; y en la última estrofa dirás qué significa para ti esa persona.
- Revisa la ortografía de tu poesía.

Dictado

Antes del dictado

Lee atentamente el texto.

Esta mañana **he** tenido un accidente. Iba **hablando** con mi amigo Dani cuando resbalé con la **hierba** mojada. Al caer, metí el pie en un **hueco** que **había** en la acera. En seguida me puse **hielo** en el tobillo. Cuando me llevaron al médico me **hicieron** una radiografía y **hallaron** un **hueso** roto. Me **han** puesto una escayola. Mis amigos y amigas de clase me **han hecho** dibujos en ella para decorarla.

Después del dictado

Valora el resultado.

ORTOGRAFÍA	PRESENTACIÓN	CALIGRAFÍA

¡Conoce la literatura!

La poesía

En la **poesía** se utiliza la lengua de un modo especial para expresar emociones y sentimientos con elegancia y belleza.

Los poemas se componen de **versos** que se organizan en **estrofas.**

En poesía se utilizan recursos como la **rima,** que consiste en la repetición de sonidos al final de los versos a partir de la última sílaba tónica. La rima puede ser: **consonante** o **total,** cuando se repiten todos los sonidos *(cayendo, floreciendo, corriendo)* o **asonante** o **parcial,** cuando solo se repiten los sonidos vocálicos *(cielo, viento).*

Según el número de sílabas, los versos pueden ser de **arte mayor** (de más de 8 sílabas) o de **arte menor** (de 8 sílabas o menos).

1 Lee en voz alta esta poesía y contesta a las preguntas:

Canción para los días de lluvia

Que llueva, que llueva,
que siga lloviendo;
que las nubes grises
entolden el cielo;
que brillen las calles
igual que un espejo,
y entonen su canto
el agua y el viento.

Que caiga la lluvia,
que siga cayendo;
que el campo dormido
está floreciendo,
y ya hay violetas
junto a los senderos
y flores y pájaros,
y arroyos corriendo.

Carlos Reviejo, *Lo que dice el viento.* Ed. Anaya.

- ¿Cuántas estrofas tiene este poema?
- ¿Cuántos versos tiene cada estrofa?
- ¿Qué tipo de rima tienen los versos pares de la primera estrofa?
- ¿Qué tipo de rima encuentras en la segunda estrofa?
- De arte mayor o menor, ¿qué tipo de versos tiene este poema?

1 2 3 Paso

Organizamos un recital poético.

- Cuenta los versos y las sílabas de cada verso de tu poema y comprueba la rima.
- Memorízalo y ensaya varias veces leyéndolo en voz alta con la entonación y la expresividad necesarias.
- Ensayad vuestro recital y representadlo ante vuestros familiares y vuestras personas especiales.
- Grabad el vídeo de vuestro recital y colgadlo en la web del centro.

Zona creativa

Continúa el poema de la actividad 1 con una estrofa más. Recuerda que cada estrofa debe tener ocho versos de arte menor y que estos deben rimar. ¡Puedes utilizar una rima asonante o consonante!

Organizo mi mente

1 Completa los huecos de este mapa mental en tu cuaderno con la información que has aprendido en el apartado de Gramática:

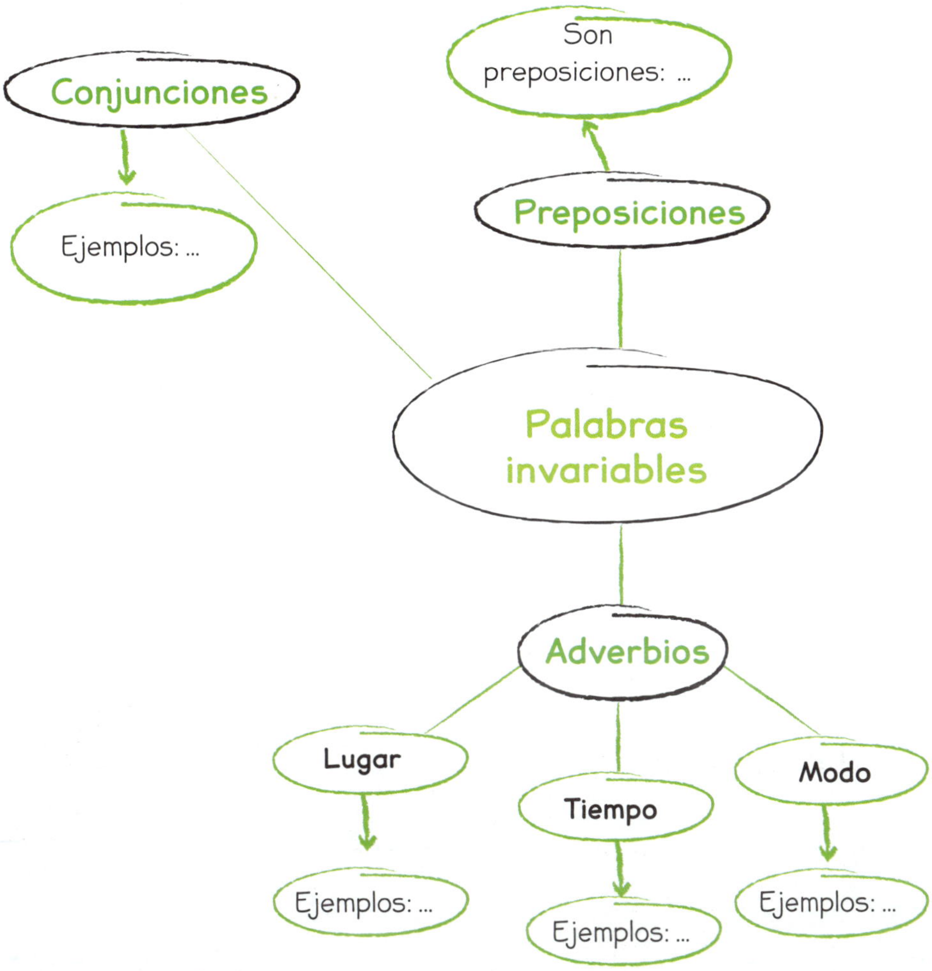

anayaeducacion.es
Dispones de una versión imprimible de esta página en el apartado «Organizo mi mente» del banco de recursos.

anayaeducacion.es
No olvides consultar los apartados «Para estudiar» y «Aprende jugando» en el banco de recursos.

Colecciono palabras

2 Sustituye las partes resaltadas de estas oraciones con una palabra del vocabulario de la Lectura:

violetas · barquichuelo · retumba · gloria · pasión

- Mi abuela tiene un **barco pequeño** amarrado en el puerto.
- Cuando jugamos a voleibol, lo hacemos con **entusiasmo.**
- Es una **gran satisfacción** escuchar a esta cantante.
- Su potente voz **resuena** en la sala.
- En la montaña vi un campo de **flores moradas de suave olor.**

Qué he aprendido

Vocabulario

1 Escribe en tu cuaderno el nombre correspondiente a estos objetos:

2 Copia estas palabras compuestas poniendo la tilde donde corresponda: mediodia, tirabuzon, termometro, monopatin, cortacesped.

3 Escribe en tu cuaderno solamente el nombre de los números que se corresponden con palabras compuestas:

12 11 13 10 14 17 15 18 20 19 16

Gramática

4 Copia estas oraciones en tu cuaderno y subraya los adverbios que encuentres:

– Álvaro vive lejos de mi casa.

– El autobús llegó rápidamente.

– Siempre olvida llamar a la puerta.

5 Copia y clasifica los adverbios de la actividad 4 y escribe dos ejemplos más:

Tiempo	Lugar	Modo
...	...	...

6 Clasifica las siguientes palabras invariables según sean preposiciones o conjunciones: a, ante, ni, bajo, con, de, pero, durante, en, o, entre, hasta, e, para, por, según, sin, sobre, tras, y.

Ortografía

7 Escribe una oración con cada una de estas parejas de palabras:

hiedra - había

huevo - hallé

hierbabuena - huele

8 Completa en tu cuaderno estas palabras con hie-, hue-, hui-:

...rro	...da	...vo
...co	...lo	...so
...lla	...le	...rba

Dictado

Lee el texto para preparar el dictado y escríbelo con buena letra:

Estoy haciendo un trabajo sobre el último hallazgo de un equipo de arqueólogos y arqueólogas en mi ciudad. Han hallado unas huellas en una roca. Además, había huesos fosilizados de reptiles y otros seres que habitaban la zona. He hablado con el responsable del yacimiento y la semana que viene haremos una visita.

Cómo he aprendido

PORTFOLIO 9

Recuerda seleccionar el material de trabajo de esta unidad para tu portfolio.

anayaeducacion.es Dispones de una versión imprimible de esta página en el «Portfolio» del banco de recursos.

1 Copia y completa atendiendo a los contenidos trabajados en esta unidad:

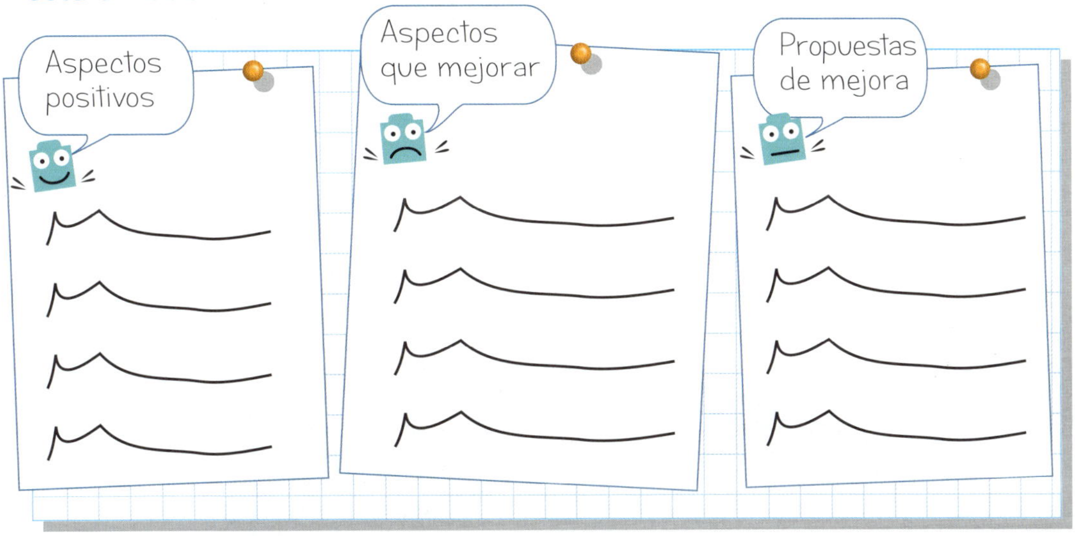

2 Dibuja esta tela de araña en tu cuaderno, marca del 1 al 3 en qué nivel estás en cada aspecto y une los puntos al terminar:

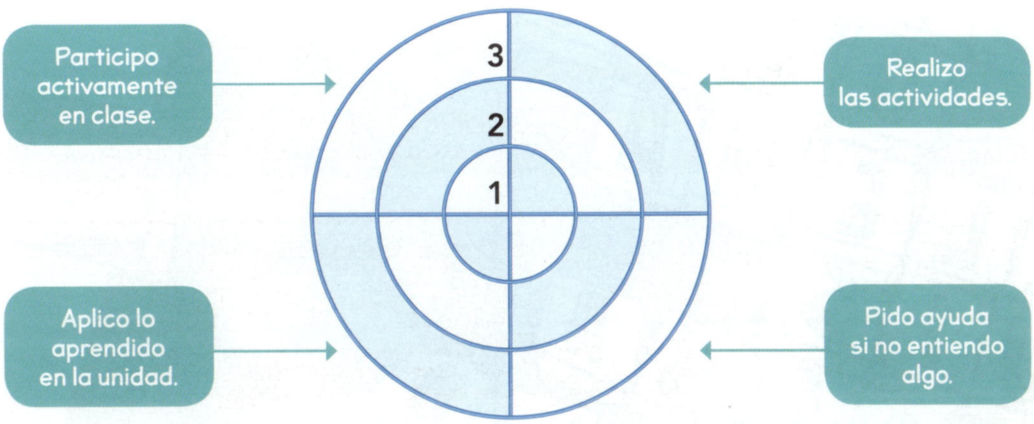

3 Piensa y completa en tu cuaderno con sinceridad las siguientes afirmaciones:

- La actividad con la que he aprendido más cosas es …
- De todo lo que he aprendido, lo que más utilidad tiene es …
- Conocer las palabras invariables y saber diferenciarlas me va a ser de utilidad para …
- Conocer las normas de ortografía cuando escribo me va a ser útil para …
- El reto de este tema me va a ser útil para …

anayaeducacion.es Descubre y comparte en familia.

10 Secretos en verso

Si quieres, puedes hacer poesía jugando con las palabras y con los sonidos.
Pero... ¿sabías que también puedes esconder un secreto en un poema?

Te proponemos un reto

¿Te animas a crear un poema que esconda una palabra secreta?

Para superar el reto... investigo y aprendo

- Lectura: *Mía, Tuya y Suya*
- Abreviaturas y siglas
- El resumen: ideas principales y secundarias
- Enunciado, frase y oración
- Palabras con *g* y con *j*
- Los caligramas

Para demostrar que lo he superado creo... un poemario de la clase

- Paso 1: Investigamos sobre los acrósticos.
- Paso 2: Hacemos una descripción resumida de la persona protagonista de nuestro acróstico.
- Paso 3: Escribimos nuestros poemas acrósticos.
- Paso 4: Juntamos todos los acrósticos y creamos el poemario de acrósticos de la clase.

Lectura

Antes de leer

- Lee el título y observa las imágenes que ilustran la Lectura: ¿de qué crees que trata?
- Escucha el texto de la Lectura.

Mía, Tuya y Suya

Todos los días, la rana Carola hablaba un rato con sus hijas, las trillizas Mía, Tuya y Suya, y Tenorio, su padre, les enseñaba bonitas canciones y a tocar instrumentos, pues le gustaba mucho la música.

Un día, Carola se llevó una sorpresa: cuando fue a dar las buenas noches a sus hijas, Mía no quiso que le diera un beso ni un abrazo.

—Soy muy mayor, mamá, ya no los necesito —dijo muy seria.

—¡Pues dámelos a mí, mamá! —gritó Tuya entusiasmada.

Carola no supo qué contestar en ese momento y dejó que las tres se durmieran.

A ella le gustaba mucho dar besos y abrazos, y no entendía por qué Mía los rechazaba. ¿Sería demasiado efusiva?

¿Y por qué Tuya nunca tenía bastante? Con Suya, las cosas eran más fáciles: si le daba un beso, estupendo, y si no se lo daba, tampoco le importaba.

«¡Qué diferentes son las tres!», pensó mientras se dormía.

Pasaron los días y Carola decidió no dar el beso de buenas noches a Mía para que no se enfadara, pero Tenorio le dijo:

—Yo creo que debemos buscar otra forma de mostrarle nuestro amor.

—Pues yo creo que Mía debe aprender a recibir mis besos para que cuando sea mayor aprenda también a darlos.

—Mira, Carola, vamos a hacer un experimento. Vamos a decirle todas las noches que la queremos y vamos a esperar a ver qué pasa.

Y los días pasaron sin que nada ocurriera, hasta que una mañana Tuya tuvo una idea: quería hacer un pastel ella sola para dar una sorpresa a sus padres.

Pero como nunca había cocinado, los huevos se le rompieron, derramó un poco de leche y una taza se le cayó al suelo.

Cuando sus padres llegaron a casa, se encontraron la cocina hecha un desastre.

—¡Por todos los santos! ¿Qué ha pasado aquí? —preguntaron asombrados.

—Yo… yo… quería preparar una tarta para daros una sorpresa —contestó Tuya llorando.

—¡Pero cómo se te ha ocurrido! —dijeron enfadados.

Tuya se puso nerviosa y, al ver el disgusto de sus padres, salió corriendo hasta que, cansada, decidió sentarse bajo un árbol.

—¿Y ahora qué va a ser de mí? Seguro que mis padres me van a castigar, seguro que ya no me quieren… —decía entre lágrimas.

Pero alguien la escuchaba.

—¿Qué te ha pasado, Tuya? ¿Por qué lloras?

Tuya miró hacia arriba y vio a la mariposa Melisa posada en una rama. Decidió contarle todo lo que había pasado.

Melisa le dijo:

—Pues yo creo que tus padres te siguen queriendo a pesar de lo que has hecho. Además, ellos saben que tu intención era buena.

—No sé qué hacer, tengo miedo —dijo Tuya, nerviosa.

—Si quieres, yo te acompaño —le dijo Melisa—. Ya verás cómo no pasa nada.

Apenas llevaban unos minutos andando por el camino cuando se encontraron con Carola y Tenorio.

—¿Dónde te has metido, hija? Estábamos muy preocupados.

Entonces la mariposa Melisa les contó los pensamientos de Tuya y por qué tenía miedo.

—Pero, hija, tú querías hacernos un pastel y las cosas no te han salido bien, nada más. ¿Cómo puedes pensar que por eso vamos a dejar de quererte? —le dijeron mientras la abrazaban.

Tuya se abrazó a ellos llorando y los dos la llenaron de besos y abrazos mientras su hermana Mía contemplaba la escena desde lejos.

Begoña Ibarrola, *Mía no quiere besos. Cuentos para educar niños felices*. Ed. SM.

Vocabulario

Efusiva: apasionada, cariñosa.

Derramó: dejó caer el líquido.

Posada: detenida en algún lugar después de haber volado.

Comprensión lectora

Contestamos el test

1 ¿Cómo se llaman los padres de las trillizas?

a) Carlos y Tonucha.

b) Carola y Tenorio.

c) Carlota y Tomás.

2 ¿Por qué Mía ya no quiere besos?

a) Porque es muy mayor y no los necesita.

b) Porque está enfadada.

c) Porque hizo un desastre con el pastel.

3 ¿Qué otra idea se le ocurre al padre para demostrarle su amor a Mía?

a) Hacerle un pastel.

b) Decirle cada día «te quiero».

c) Acompañarla al colegio.

4 ¿Qué tipo de animal era Melisa?

a) Una mariposa.

b) Una rana.

c) Una libélula.

Nos acercamos al texto

5 Lee y fíjate en la letra destacada: ¿qué palabra se esconde en cada caso?

Soy una rana sencilla,
un beso es maravilla,
y, si no hay beso,
así no pongo la mejilla.

Tengo besos,
un montón de besos,
ya sabes dónde están…
acércate y verás.

Me siento mayor,
con el **í**ndice digo «no»,
así soy yo.

Entendemos la lectura

6 ¿Por qué a Carola le sorprende que Mía no quiera besos?

7 ¿Qué quiere decir que «las cosas con Suya eran más fáciles»?

8 ¿Qué pasaría si…? ¿Qué crees que habría ocurrido si Carola hubiese seguido dando besos a Mía?

9 ¿A qué tenía miedo Tuya?

Reflexionamos

10 Ante esa situación, Tuya se marcha de casa. ¿Qué habrías hecho tú?

11 ¿Qué has aprendido con este cuento? ¿Crees que el apoyo de la familia es importante? Razona tu respuesta.

12 Tuya intentó ayudar a su familia, pero las cosas no salieron bien. ¿Alguna vez te ha ocurrido algo parecido? ¿Cómo lo solucionaste?

Paso 1 2 3 4

Investigamos sobre los acrósticos.

- En grupos, informaos en Internet sobre este tipo de poesías llamadas acrósticos.
- Buscad algunos ejemplos de acrósticos y elegid el que más guste a la mayoría.
- Recitad el poema seleccionado a vuestras compañeras y a vuestros compañeros, quienes deberán identificar la palabra oculta en él.

anayaeducacion.es Completa en la web tu ficha de lectura.

Abreviaturas y siglas

1 Observa y lee. ¿Sabes qué significan las palabras en azul?

Las abreviaturas y las siglas consisten en escribir una o varias palabras de manera acortada.

- La **abreviatura** acorta la palabra, a veces varias, mediante la supresión de algunas de sus letras, generalmente las centrales y finales. Siempre termina en punto. Ejemplo: *art. (artículo).*
- La **sigla** acorta varias palabras utilizando solo la letra inicial de cada una, en general, en mayúscula. Ejemplo: *OVNI (objeto volador no identificado).*

2 Infórmate y escribe la palabra a la que corresponde cada abreviatura. No olvides el punto, ni la tilde, si la lleva:

Sra. ej. depto. etc. cap.

3 Relaciona cada abreviatura con su significado:

avda.	carretera
pl.	glorieta
gta.	plaza
blvr.	bulevar
ctra.	avenida

4 Relaciona cada sigla con su significado:

AMPA RAE COI ONG DNI

– Organización No Gubernamental.
– Documento Nacional de Identidad.
– Asociación de Madres y Padres de Alumnos y Alumnas.
– Comité Olímpico Internacional.
– Real Academia Española.

¡Comunícate!

El resumen: ideas principales y secundarias

Resumir es contar con el menor número de palabras posible las ideas principales de un texto. Al hacer un resumen hay que distinguir las **ideas principales,** es decir, aquellas que son fundamentales para su comprensión, de las **ideas secundarias,** que añaden información complementaria.

1 Lee el siguiente texto y realiza las actividades:

Las dos hermanas salieron tarde para el colegio. No fue culpa suya. La persona que venía a ayudar en casa y ponerles el desayuno por las mañanas después de que sus padres se fuesen a trabajar no apareció. Noa tuvo que hacerse cargo de todo: ayudar a Sofi a vestirse, hacerle la coleta, calentar la leche, coger las galletas y los cereales de la alacena, asegurarse de que se tomara todo el desayuno, preparar las bolsas de la merienda, organizar las mochilas... una lata. Sobre todo para una niña de nueve años. Pero a pesar de los obstáculos, le salió todo bastante bien, salvo por un detalle: dejó atrás el libro que tenía que devolver en la biblioteca del colegio aquella misma mañana. Se dio cuenta cuando ya habían recorrido la mitad del camino. Como habían perdido el autobús, no les quedó más remedio que echar a andar. La escuela no estaba muy lejos de casa, unos 25 minutos caminando al paso de Sofi, pero si daban la vuelta para coger el libro llegarían tardísimo, así que Noa decidió que daba igual. Seguro que si se lo explicaba a la maestra encargada de la biblio, doña Úrsula (más conocida entre los niños como la Caniche), comprendería la situación.

Ledicia Costas, *La señorita Bubble*. Ed. Anaya.

- Observa las partes subrayadas: ¿con qué crees que se corresponden, con las ideas principales o con las secundarias?
- Rescribe las ideas principales del texto en tu cuaderno o en un procesador de textos utilizando tus propias palabras.
- Piensa y comparte en pareja En parejas, decidid qué oración del texto os parece la más importante.
- Lectura compartida Por grupos, preparad, ensayad y exponed un resumen oral del texto.

2 Lee este texto y realiza las actividades:

El 22 de mayo es el día mundial de la biodiversidad. Las abejas, como todos los seres vivos, forman parte de esa biodiversidad. Pero, desde hace algunos años, los apicultores están preocupados porque las abejas desaparecen de las colmenas en todo el mundo. Se envenenan con los insecticidas que se utilizan en la agricultura moderna. Además, tienen menos flores donde libar y están amenazadas por enfermedades en el interior de las colmenas.

Sin abejas no hay miel. Y es que la miel no se fabrica artificialmente. Pero la desaparición de las abejas no preocupa solo a los golosos. Toda la biodiversidad está amenazada porque, sin las abejas, no hay semillas. Las abejas, y otros insectos polinizadores, transportan el polen de flor en flor, permitiendo que se formen los frutos y las semillas de las plantas con flores. Sin ellos, el 80 % de estas plantas podría desaparecer y, con ellas, los animales que comen esas plantas.

Reportero Doc, mayo de 2009.

- Identifica las ideas principales y secundarias del texto, y clasifícalas en tu cuaderno.
- Escribe en tu cuaderno un resumen en tres líneas. Para ello: utiliza tus propias palabras, no añadas ideas personales y redacta las oraciones correctamente y en buen orden.

Zona de expresión

A partir de las siguientes ideas principales, escribe un texto añadiendo ideas secundarias que las complementen:

Los piratas existen desde la antigüedad.

La vida de los piratas era muy dura.

Los piratas se dedicaban al abordaje de barcos en el mar para robar.

1 2 3 4 Paso

Hacemos una descripción resumida de la persona protagonista de nuestro acróstico.

- Escribid los nombres de toda la clase en papelitos, dobladlos y metedlos en una caja o bolsa. Sortead los nombres.
- Para ayudarte a preparar tu acróstico, escribe una descripción de la persona que te ha tocado y extrae las tres o cuatro ideas principales sobre ella.

Enunciado, frase y oración

Un **enunciado** es una palabra o un conjunto de palabras ordenadas que forman un mensaje con sentido completo.

- Si el enunciado no tiene verbo, se llama **frase:** *¡Buenos días!*
- Si el enunciado tiene verbo, se llama **oración:** *¿Te ha gustado mi pastel?*

1 Copia en tu cuaderno solo los enunciados y clasifícalos según sean frases u oraciones:

Hola, ¿qué tal?

¿De qué harás el pastel?

Los nueve libros vuelan tortuga.

¡Adiós!

Salimos las caracoles arriba.

Carola besa y abraza a sus hijas.

¡Madre mía!

Me encanta ir al cine con mi familia.

2 Observa lo que dicen las protagonistas de la Lectura. ¿Cuál es la frase, y cuál, la oración?

3 Transforma las siguientes frases en oraciones:

– ¡Feliz fin de semana!
– ¡Qué sueño!
– ¡Muy bien!
– ¿Qué tal?

4 Ahora, transforma las siguientes oraciones en frases:

- ¡Espero que tengas un feliz cumpleaños!
- ¡Tengo mucho miedo!
- ¡Se está incendiando la casa!
- ¡Necesito urgentemente que me ayude alguien!

5 Copia y completa las oraciones de la receta con verbos:

SÁNDWICH de tomate y jamón de York

- ... dos rebanadas de pan.
- Luego, ... un poco de tomate triturado en cada rebanada.
- ... una loncha de jamón de York en una de las rebanadas.
- ... con la otra rebanada de pan.
- ... en dos trozos cada rebanada de pan, en forma de triángulo o de cuadrado, como tú ...

6 ¿Cuáles de estas frases podrías utilizar después de preparar la receta anterior? Escribe otra más.

¡Qué mal! | ¡Qué rico! | ¡Qué frío! | ¡Qué bonito!

¿Y tú? | ¡Buen provecho! | ¡Qué gracioso! | ¡Socorro!

7 Escribe en tu cuaderno una frase y una oración para cada una de estas situaciones:

Palabras con *g* y con *j*

1 Comprobamos Copia estas palabras y complétalas con g o j:

cora__e · via__ero · olea__e · sumer__ir · prote__er · __eometría · __estión

Se escriben con **g:**

- Las palabras que comienzan por **geo-** y **gest-.** Ejemplos: *geología, gesto.*
- Los verbos terminados en **-ger** y **-gir,** y todas sus formas verbales, excepto *tejer* y *crujir.* Ejemplos: *recoger, fingir.*

Se escriben con **j:**

- Las palabras terminadas en **-jero,** (excepto *ligero*), **-jera, -jería.** Ejemplos: *sonajero, brujería.*
- Las palabras terminadas en **-aje, eje.** Ejemplos: *maquillaje, maneje.*

2 Relaciona a cada profesional con su definición y escribe una oración en tu cuaderno con cada una:

geóloga · gestor · granjera · relojero

– Se encarga de gestionar, por ejemplo, una empresa.
– Se ocupa del cuidado de una granja.
– Fabrica o repara relojes.
– Se dedica al estudio de la Tierra.

3 Completa las siguientes oraciones con la palabra correcta de esta lista: masaje, recoger, geología, teje, paisaje, viaje, gestación, mensajera.

– Harry Potter recibió el mensaje a través de una lechuza …
– Un buen … en el cuello te relajaría.
– Desde aquí se contempla un … impresionante.
– Tras nueve meses de …, nació el bebé.
– Voy a la oficina de correos a … un paquete.
– La araña … su telaraña con infinita paciencia.
– La … es la ciencia que estudia los materiales de la Tierra.
– En Navidad siempre nos vamos de … a ver a mis abuelos.

1 2 3 Paso 4

Escribimos nuestros poemas acrósticos.

- Escribe un primer borrador de tu poesía.
- Intenta utilizar algún recurso poético de los que has conocido a lo largo del curso; por ejemplo: rima, medida de los versos, metáfora, comparación, personificación, hipérbole…
- Relee tu acróstico y comprueba que estén bien la rima y la medida de los versos, y aplica las correcciones que sean necesarias.
- Revisa la ortografía y escribe la versión definitiva de tu acróstico cuidando la caligrafía.

4 Piensa y escribe una palabra de cada tipo:

geo- | gest- | -ger | -gir

5 Lee, observa las palabras destacadas y explica por qué se escriben con g o con j:

El mimo llevaba la cara cubierta de **maquillaje** blanco, un **traje** negro, un gorro y unos guantes blanquísimos. Representó la historia mediante **gestos** de la cara y del cuerpo. En ningún momento utilizó el **lenguaje** verbal. Primero **fingió** que metía la llave por el **agujero** de una cerradura, pero luego no podía sacarla. Así que **gesticuló** para representar que llamaba por teléfono a un **cerrajero,** que vino inmediatamente y abrió la puerta como por arte de **brujería.** Luego su **personaje** se **afligía** porque quería **dirigir** una orquesta, pero los músicos no le hacían caso.

Dictado

Antes del dictado

Lee atentamente el texto.

Mi hermano **Germán** es **geógrafo. Eligió** esa profesión porque le encanta la **geografía** e ir de **viaje.** A mí me encantaría **dirigir** una orquesta y **gestionar** toda la producción musical. Lo que más me gusta de los directores de orquesta son los **gestos** que utilizan. A mi hermana **gemela** le gustaría ser **relojera** porque dice que le **relaja** ver los **engranajes** de los **relojes.**

Después del dictado

Valora el resultado.

ORTOGRAFÍA | PRESENTACIÓN | CALIGRAFÍA

anayaeducacion.es Realiza el dictado que se propone en el apartado «Recursos por unidad».

¡Conoce la literatura!

Los caligramas

1 Observa la forma de estos textos. ¿Qué ves de especial en ellos? ¿A qué responde su forma? ¿Qué tienen en común?

Los **caligramas** son poesías en las que el texto forma un dibujo relacionado con el protagonista o el tema del que trata. Por ejemplo, una persona, un animal, un objeto…

2 Elige uno de estos dos poemas y crea un caligrama:

Ya sale el sol,
a mi casa pequeña
llega el calor.

La nube blanca
parece un elefante
de trompa larga.

Antonia Ródenas, *Al corro de las palabras*. Ed. Anaya.

Zona creativa

¿Te atreves a crear tu propio caligrama? Elige primero el dibujo que te gustaría realizar: un barco, una flor, un animal… ¡las posibilidades son infinitas! Luego, rellena o bordea el dibujo con el texto de tu poema.

1 2 3 4 Paso

Juntamos todos los acrósticos y creamos el poemario de acrósticos de la clase.

- Decora tu poema con un dibujo que represente a su protagonista.
- Unid los poemas de toda la clase por orden alfabético según el nombre de los protagonistas.
- Buscad un título atractivo para el poemario.
- Cread una portada bonita.
- Organizad un recital: cada persona recitará su poema; el resto adivinará el nombre escondido de su protagonista.

¡Reto conseguido!

Organizo mi mente

1 Copia y completa este diagrama en tu cuaderno para repasar lo que has aprendido en el apartado de Gramática de la unidad:

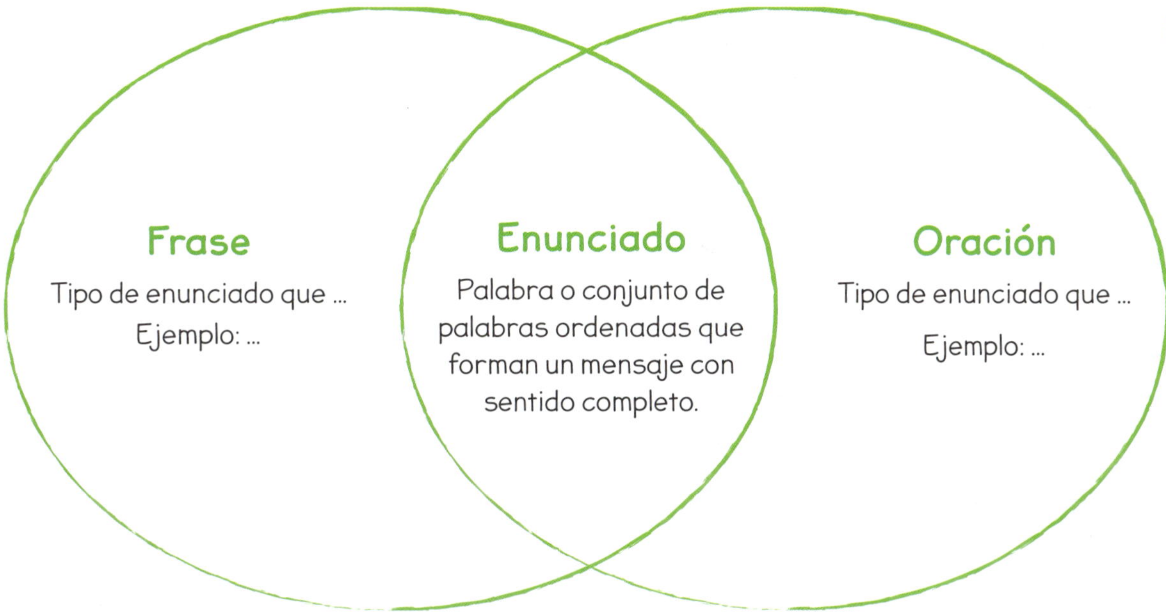

anayaeducacion.es Dispones de una versión imprimible de esta página en el apartado «Organizo mi mente» del banco de recursos.

anayaeducacion.es No olvides consultar los apartados «Para estudiar» y «Aprende jugando» en el banco de recursos.

Colecciono palabras

2 Relaciona cada imagen con una de estas palabras de la Lectura. Luego, escribe una oración en tu cuaderno con cada una:

efusiva | posada | derramó

Qué he aprendido

Vocabulario

1 Busca el significado de estas abreviaturas y escribe en tu cuaderno situaciones en las que podrías utilizarlas:

fdo. prof. adj. izda.

2 Escribe una oración con cada abreviatura de la actividad anterior.

3 ¿Para qué crees que se utilizan las siglas? Razona tu respuesta.

4 Infórmate y averigua el significado de estas siglas:

FIFA NY ONU UE

Gramática

5 Copia y completa las oraciones con verbos:

Mía no … besos. Al principio, Carola se … triste por eso. Sin embargo, a Tuya le … los besos.

6 Di si estas oraciones son verdaderas o falsas, y corrige las falsas en tu cuaderno:

– Los enunciados son mensajes sin un sentido completo.
– Los enunciados pueden ser de dos tipos: frases y oraciones.
– Las oraciones no tienen verbo.
– Las frases tienen verbo.

7 Escribe frases que utilizarías en estas situaciones:

– Alguien está a punto de resbalarse con una cáscara de plátano.
– Una compañera ha ganado un premio.
– Alguien se va a dormir.
– Recibes una buena noticia.

8 Indica si estos enunciados son frases u oraciones:

– ¡Qué calor!
– Lo que más me gusta es hacer deporte con mis hermanos.
– Es un libro precioso.
– ¿Cómo te llamas?
– ¡Excelente!

Ortografía

9 Ordena las letras para encontrar palabras con g y j:

gircorre tinóesg megoetraí quiepaej

10 Completa las palabras en tu cuaderno con g y j:

monta__e salva__e
conse__ería sobreco__er

Dictado

Lee el texto para preparar el dictado y escríbelo con buena letra:

Tengo dos hermanos gemelos: Jesús y Gerardo. Son muy ordenados y, cuando juegan, lo dejan todo recogido. Les gustan mucho los relojes, los trajes regionales y los viajes. ¡Son los mejores hermanos!

Cómo he aprendido

PORTFOLIO 10

Recuerda seleccionar el material de trabajo de esta unidad para tu portfolio.

anayaeducacion.es Dispones de una versión imprimible de esta página en el «Portfolio» del banco de recursos.

1 Elige algún ejemplo de tu trabajo en esta unidad que te gustaría mostrar y exponlo en algún lugar visible del aula:

2 Observa y copia en tu cuaderno cómo te has sentido a lo largo de la unidad:

3 Copia las siguientes oraciones en tu cuaderno, reflexiona y completa con sinceridad:

- Conocer las abreviaturas y las siglas me servirá para ...
- Los enunciados son útiles en mi vida cotidiana porque ...
- Las normas ortográficas sobre el uso de la *g* y la *j* son importantes para ...
- De todo lo aprendido en esta unidad, lo que más útil me resulta es ...

anayaeducacion.es Descubre y comparte en familia.

11 ¡Arriba el telón!

Silencio, respira hondo, concéntrate en tu personaje. Se apagan las luces de la sala y se levanta el telón. Es tu turno... ¡a escena!

Te proponemos un reto

¿Te gustaría participar en la representación de una obra de microteatro?

Para superar el reto... investigo y aprendo

- Lectura: *¡Buenos días!*
- Neologismos y extranjerismos
- El diálogo y el monólogo
- La oración: sujeto y predicado
- Palabras terminadas en *-d* y en *-z*
- El teatro

Para demostrar que lo he superado participo en... una obra de microteatro

Paso 1. Escribimos los diálogos de nuestra obra de microteatro.

Paso 2. Escribimos las acotaciones, y planificamos el decorado y el vestuario.

Paso 3. Revisamos nuestros textos y ensayamos.

Paso 4. Representamos nuestra obra de microteatro.

Antes de leer

- Observa la Lectura: ¿de qué tipo de texto crees que se trata?
- Escucha el texto de la Lectura.

¡Buenos días! 13

*En escena vemos las máquinas de una fábrica textil. Es primera hora de la mañana, todavía no ha salido el sol y algunas herramientas (*MARTÍN*, un martillo,* TISI*, unas tijeras, e* HILARIO*, un rollo de hilo en forma cónica) duermen encima de la máquina. Roncan como si fueran un coro de cámara nocturno. De repente, por una ventana de cristales ahumados, que no deja ver lo que hay al otro lado, empiezan a entrar los primeros rayos de sol del día, y se oye el canto de un gallo. Pero las herramientas siguen durmiendo como marmotas. Por la puerta de la sala aparece* ÁLBERT*, un niño activo y espontáneo, lleno de energía, que trabaja en la fábrica.*

Off gallo: Quiquiriquíííííí… Quiquiriquí…

ÁLBERT.— *(Tarareando una canción).*

Es un día soleado,
pero hay que trabajar.
Nunca se puede dejar
de coser y de cortar.
¡La fábrica no ha de parar!

(Enciende las luces para despertar a las herramientas) ¡¡Buenos días!!

TISI.— *(Sobresaltada)* ¡Ay! ¡Ay! ¿Qué pasa? *(Se cae de la máquina)* ¡¡Uuooohhh!! ¡¡Aaay!! ¿Qué pasa? […]

ÁLBERT.— ¡Buenos días, chicos! ¡Venga, despertaos, gandules, que ya ha tocado la sirena! […]

TISI.— ¡Ay…, ay, qué susto! ¡Ay, estaba teniendo una pesadilla horrible! ¡Ay, qué miedo he pasado! ¿Sabes qué soñaba?

ÁLBERT.— Ya me lo contarás, que tengo que despertar a este par de dormilones. Venga, Hilario, levántate.

HILARIO.— No tengo piernas, no me puedo levantar; qué rollo de niño.

ÁLBERT.— *(Entusiasmado)* ¡Que tenemos que trabajar!

HILARIO.— *(Hace teatro)* Hoy no puedo trabajar. Tengo un dolor de barriga tremendo. Creo que tengo el apéndice a punto de explotar porque este dolor no es normal. *(Exagerado, como si se muriera)* ¡Aaahhh!

ÁLBERT.— Hilario, tú no tienes ni barriga ni apéndice.

HILARIO.— ¡Y tú no tienes corazón! ¡Qué rollo de tío! Enróllate un poco, ¿no? [...]

ÁLBERT.— Venga, Martín, levántate.

MARTÍN.— *(Dormido)* Sí, ahora. Ahora me levanto.

ÁLBERT.— *(Busca a FINA por todas partes)* ¿Dónde está Fina?

TISI.— *(A HILARIO)* ¡Es que he tenido una pesadilla horrible! ¡He soñado que me llevaban a un sitio que...!

HILARIO.— ¡Cómo te va a llevar nadie a ningún lado, si eres una pesada!

TISI.— ¡Oh, qué desagradable eres! Cuando te levantas, estás de un mal rollo...

ÁLBERT.— ¿No habéis visto a Fina?

HILARIO.— ¡Sí! Yo la he visto. [...] *(Le miente)* ¡Se la han llevado unos extraterrestres! *(Riéndose como un loco)* ¡Ja, ja, ja...! [...]

ÁLBERT.— ¡Fina!

TISI.— ¡Ay, qué angustia! ¿Y si se la han llevado, como a mí?

ÁLBERT.— A ti nadie te ha llevado a ningún sitio, Tisi.

TISI.— *(Dramática)* Oh, no lo sé. Era tan real...

ÁLBERT.— Fina, mujer, ¿dónde te has metido?

FINA, una aguja, sale de un rincón y, sin querer, pincha a ÁLBERT.

Agustí Franch Reche, *Tira-tira o La fábrica de tiras*. Ed. Anaya.

Vocabulario

Cónica: con forma de cono.

Ahumados: oscurecidos para que no pase la luz.

Marmotas: dormilonas.

Espontáneo: natural, sincero.

Off: palabra inglesa que se refiere a la voz o sonido procedente de fuera del escenario.

Gandules: vagos.

Apéndice: parte del intestino.

Comprensión lectora

Contestamos el test

1 ¿A qué se dedican en la fábrica?

a) A fabricar coches.

b) A fabricar telas.

c) A fabricar herramientas.

2 ¿Cuántos personajes intervienen?

a) Tres.

b) Cuatro.

c) Cinco.

3 ¿Quién despierta a las herramientas?

a) El gallo.

b) Un niño.

c) Un grito.

4 ¿Qué personaje ha tenido una pesadilla?

a) Tisi.

b) Hilario.

c) Martín.

Nos acercamos al texto

5 Relaciona cada personaje con su nombre:

Tisi | Hilario | Álbert | Martín | Fina

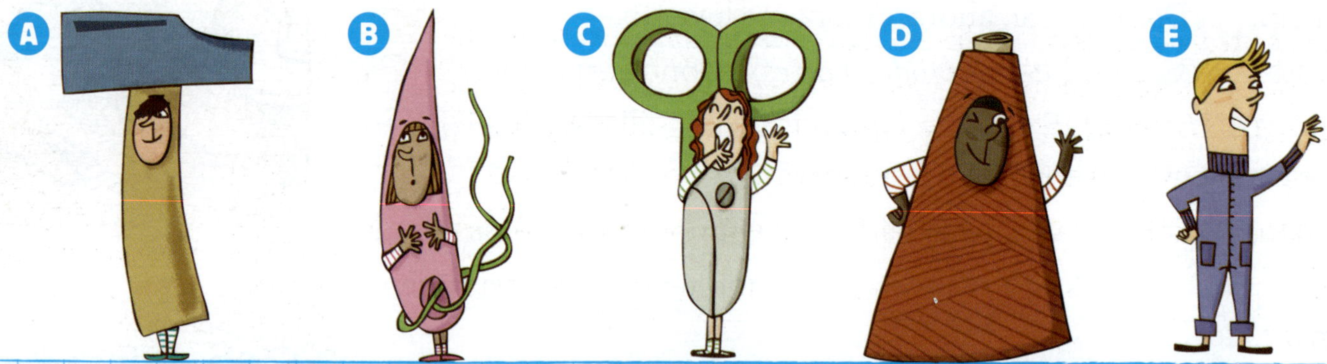

Entendemos la lectura

6 ¿En qué momento del día se desarrolla la escena?

7 ¿Qué herramienta es la última en levantarse?

8 ¿Para qué quiere Álbert que se levanten las herramientas?

9 Ordena las letras de las siguientes palabras para descubrir la característica de cada personaje:

MARTÍN: **M I N D O R L Ó**
TISI: **S A M I E O D**
HILARIO: **Ñ U N G R Ó**

Reflexionamos

10 ¿En qué se diferencia la personalidad de Álbert de la de Hilario?

11 ¿Alguna vez has tenido una pesadilla que parecía muy real? Cuéntasela al resto de la clase.

12 ¿Con qué personaje de la Lectura te identificas más? Argumenta tu respuesta.

13 Álbert es un niño muy activo y espontáneo. ¿Consideras que estas son cualidades importantes? ¿Por qué?

anayaeducacion.es Completa en la web tu ficha de lectura.

Neologismos y extranjerismos

1 Lee la viñeta de la derecha. ¿Sabes qué significan las palabras destacadas? Ayúdate de un diccionario.

Los **neologismos** son las palabras nuevas que se van incorporando a la lengua para nombrar realidades que antes no existían. Ejemplos: *emoticono, bonobús.*

Los **extranjerismos** son las palabras que se incorporan a la lengua procedentes de otras lenguas. Con el tiempo, muchos de estos extranjerismos se adaptan a la pronunciación y a la ortografía de nuestro idioma. Ejemplos: *táper, sándwich.*

2 Relaciona en tu cuaderno estos neologismos con el ámbito al que pertenecen:

kayak	míster	pantallazo
hummus	*footing*	ratón
dron	*mozzarella*	*delicatessen*

Deporte | Nuevas tecnologías | Gastronomía

3 Busca en el diccionario de la Real Academia Española en línea (www.rae.es) el significado de estas palabras y explícalo en tu cuaderno: *software*, Internet, friki, *spam*, wifi.

4 Observa y relaciona en tu cuaderno cada palabra con el extranjerismo que le corresponde:

5 Busca estos extranjerismos en un diccionario y escribe la palabra castellana que podría sustituirlos: mánager, espray, *hobby*, chef, sénior, chatear.

¡Comunícate!

El diálogo y el monólogo

El **diálogo** es un intercambio de mensajes entre dos o más personas. Los diálogos pueden ser:

- **Orales:** en ellos la lengua utilizada suele ser más coloquial y acompañarse de gestos y entonación. La conversación, la entrevista, el debate o las representaciones teatrales son textos dialogados orales.
- **Escritos:** en ellos se utilizan los signos de puntuación para sustituir a la entonación y a los gestos; para indicar cada intervención se utilizan los dos puntos o la raya. Encontramos ejemplos de texto dialogado escrito en las narraciones, en los cómics o en los textos teatrales.

1 Lee este texto y responde a las preguntas:

CUIDADOR.— ¡Qué porrazo me acaba de dar, señora cebra!

CEBRA.— Lo siento, lo siento, de verdad que lo siento, señor cuidador.

CUIDADOR.— Me imagino que lo siente, pero le aseguro que yo lo he sentido más que usted, porque mira que me duele... (*Se detiene a pensar durante unos segundos*). Pero bueno, ¿qué hago yo hablando con una cebra? ¿Acaso he perdido la cabeza? Y, por cierto, ¿qué hacen los animales fuera de sus jaulas? ¡Y yo estoy dentro de una! ¡No entiendo nada!

GORILA.— Pues es muy sencillo, señor cuidador.

CUIDADOR.— ¿Quién me está hablando?

GORILA.— Yo, el gorila.

Rafael Alcaraz, *Animaladas*. Ed. Anaya.

- ¿Quiénes intervienen en este diálogo? ¿Cómo lo sabes?
- Continúa el diálogo anterior con una intervención más de cada personaje.
- Si fuese un diálogo oral, ¿con qué sustituirías los signos de exclamación? ¿Y qué gestos podrían acompañar a las oraciones «Lo siento, lo siento...» y «¿Quién me está hablando?»?

1 Paso 2 3 4

Escribimos los diálogos de nuestra obra de microteatro.

- Investigad sobre el microteatro: ¿qué es?, ¿cuáles son sus características?...
- Por parejas, elegid una situación cotidiana sobre la que escribir una obra de microteatro y sortead todas las situaciones entre las distintas parejas de la clase.
- Por parejas, escribid un breve diálogo alrededor de la situación que os ha tocado. Debe tener dos personajes y entre 10 y 15 intervenciones por personaje.

Un **monólogo** es una reflexión en voz alta de una persona que habla a solas o consigo misma. Podemos verlo en el teatro cuando hay un solo personaje hablando sobre el escenario.

2 Lee el siguiente monólogo y responde a las preguntas:

NANA.— ¡Hum! Esto es un desastre, por más que lo intente… Estoy en un tejado… rodeada de agua, sola… Antes por lo menos me distraía Paco, que es un pesado, pero… Y la tortuga, que es igualita que yo, clavada a mí, tan simpática, se ha ido tan pancha… Y yo aquí, con un hambre… Todo mojado… Todas mis cosas mojadas… Y para comer… pescado y pescado y pescado…

Paco Gámez, *Nana en el tejado*. Ed. Anaya.

- ¿A quién habla Nana?
- ¿Qué le cuenta?
- ¿Por qué este texto es un monólogo?

Zona de expresión

¡Vas a escribir un monólogo! Elige una de estas situaciones, escribe el guion de tu monólogo y represéntalo ante tus compañeras y tus compañeros:

– Has perdido un objeto y lo estás buscando.

– Estás en la biblioteca y dudas sobre qué libro elegir.

– Estás en la cama, suena el despertador y tienes sueño.

– Sales a la calle y hace mucho frío.

La oración: sujeto y predicado

1 Observa las imágenes de la derecha y responde a las preguntas:

- ¿Quién o quiénes realizan cada acción?
- ¿Qué están haciendo?
- Inspírate en las imágenes y escribe tres oraciones.

En la **oración** podemos diferenciar dos partes:

El **sujeto,** que es la palabra o grupo de palabras de las que se dice algo.

Martín

El **predicado,** que es la palabra o grupo de palabras que expresan lo que se dice del sujeto.

duerme sobre una mesa.

La palabra más importante del sujeto y del predicado se llama **núcleo.** El núcleo del sujeto es el **nombre** o el **pronombre,** y el núcleo del predicado es el **verbo.**

2 Copia y subraya de diferente color los sujetos y los predicados de este texto:

Mi hermana y yo iremos al teatro mañana. Nosotras hemos quedado allí con unos amigos. La obra es muy divertida. Mi amiga Lucía interpreta el papel de la protagonista.

3 Añade en tu cuaderno un sujeto o un predicado, según corresponda:

– ... trabaja en una fábrica de zapatos.

– Julio ....

– Vosotras ...

– ... ladra mucho cuando llaman a la puerta.

4 Rodea los núcleos de los sujetos de las oraciones que has completado en la actividad anterior y sustitúyelos por nombres o pronombres, según corresponda.

Se llama grupo nominal a la palabra o palabras que tienen como núcleo un nombre o un pronombre: ***La hormiga de la fábula** es muy trabajadora. / **Ella** es muy trabajadora.*

5 Copia y marca en tu cuaderno en qué lugar se encuentra el sujeto en cada oración:

	Delante	En medio	Detrás
Tisi tuvo una pesadilla.	...	...	...
Tuvo **Tisi** una pesadilla.	...	...	...
Una pesadilla tuvo **Tisi**.	...	...	...

En la oración el sujeto puede ir delante, en medio o detrás del predicado.

6 Comprobamos Reescribe estas oraciones cambiando la posición del sujeto según se indica:

– Nosotros fuimos al monte de excursión. (detrás)

– Antonio sacó una manta de la mochila. (en medio)

– Encendieron una hoguera mis padres. (delante)

– Cantamos María y yo frente al fuego. (delante)

– Yo pasé una noche muy especial. (en medio)

7 Inspírate en esta imagen para escribir tres oraciones en las que el sujeto aparezca…

delante | en medio | detrás

8 Subraya de rojo, el sujeto, y de azul, el predicado de las oraciones que has escrito en la actividad anterior.

Escribimos las acotaciones, y planificamos el decorado y el vestuario.

- Leed los diálogos en pareja y escribid las acotaciones necesarias explicando qué sucede en la escena y cómo sucede. Para ello, utilizad oraciones bien construidas con sujeto y predicado.
- Pensad en el vestuario y en los objetos necesarios para el decorado.

anayaeducacion.es Realiza la actividad que se propone en el apartado «Recursos por unidad».

Palabras terminadas en -d y en -z

Actriz

Actrices

- El plural de las palabras acabadas en **-z** se forma añadiendo **-ces.**
- El plural de las palabras acabadas en **-d** se forma añadiendo **-des.**

1 1-2-4 Copia estas oraciones en tu cuaderno escribiendo las palabras destacadas en plural:

– Yo prefiero escuchar **la verdad.**

– Pintó **la pared** de color azul.

– No tengo miedo a **la tempestad.**

– Laura pasará **la Navidad** en Barcelona.

2 Escribe en tu cuaderno el plural de estas palabras:

usted	paz
enfermedad	soledad
luz	vez
antifaz	red
mitad	dificultad
voz	regaliz

3 Ordena las letras para encontrar las palabras y cópialas en tu cuaderno en singular:

NEUCES · VESATURECS · CESEP · DESDACIU · ESDER · CESIRNA

1 2 3 Paso 4

Revisamos nuestros textos y ensayamos.

- Revisad la ortografía de los diálogos y de las acotaciones, y escribid la versión definitiva cuidando la ortografía, la caligrafía y la presentación.
- Memorizad los diálogos y ensayad vuestra obra.

4 Escribe en tu cuaderno una oración en la que utilices al menos tres palabras de la actividad anterior, en singular.

5 Busca en el diccionario el significado de estas palabras y escribe en tu cuaderno una oración con cada una de ellas:

TENACIDAD | ESCASEZ | PULCRITUD | HONRADEZ

6 Ordena las letras para encontrar las palabras y escríbelas en tu cuaderno, en singular y en plural:

LEFIZ | ORARZ | ZÁPLI | EZJARDE

7 Completa las palabras de estas oraciones con -z, -d, -ces o -des, según corresponda:

– La bonda… era su mejor virtu… .
– Vivir en Cádi… nos hace feli… .
– Estas perdi… se han criado en cautivida… .
– En las ciuda… se vive a gran velocida… .

Dictado

Antes del dictado

Lee atentamente el texto.

Me llamo **Paz** y estoy en cuarto de Primaria. Tengo una hermana pequeña que se llama **Beatriz** de cuatro años de **edad.** Vivimos en la **ciudad** de **Valladolid,** en una casa con las **paredes** pintadas de color blanco. Es muy bonita y está rodeada de **césped.** Aquí, vivimos muy **felices** junto a nuestros padres y nuestras **amistades.** A mi hermana y a mí nos gusta ponernos un **disfraz** e imaginar que somos **actrices.** También nos gusta dibujar con **lápices** de colores.

Después del dictado

Valora el resultado.

ORTOGRAFÍA | PRESENTACIÓN | CALIGRAFÍA

¡Conoce la literatura!

El teatro

Los **textos teatrales** están escritos para ser representados en un escenario por actrices y actores. Se suelen dividir en **actos** y estos, a su vez, en **escenas.**

En las obras teatrales la historia se desarrolla a través de los **diálogos** de los personajes. Las **acotaciones,** que suelen ir en cursiva y entre paréntesis, aportan información sobre las actitudes de los personajes, la iluminación, el sonido…

1 Lee este fragmento teatral y contesta a las preguntas:

Personajes: SÁNCHEZ *y* RODRÍGUEZ *(tramoyistas)*, DIRECTOR; MARGARITA *(señora de la limpieza)*; COSME *(portero)*.

DIRECTOR.— ¡Basta, basta! ¡Bastaaaa! *(Silencio)* Pero ¿qué es esto? *(A los actores)* ¿Se puede saber qué hacéis aquí? ¿Y toda esta gente? *(Al público)* ¿Es que no tenéis casa o qué? ¡Hagan el favor de marcharse ahora mismo! ¿Cómo tengo que decirlo? ¡La función de esta tarde se ha suspendido! ¡El teatro se ha cerrado! ¿O es que hablo en chino mandarino?

SÁNCHEZ.— *(Muy contento)* ¡Que no, señor director, que no! ¡Que se equivoca usted! La función no se ha suspendido.

DIRECTOR.— ¿Cómo…?

COSME.— Como los actores no podían venir, ¡la hemos hecho nosotros!

DIRECTOR.— ¿Vosotros?

MARGARITA.— Sí: Cosme, Sánchez, Rodríguez, Marisa y yo.

RODRÍGUEZ.— Y yo diría que al público le ha gustado.

Fernando Lalana, *Se suspende la función*. Ed. Anaya.

- ¿Cuántos personajes intervienen?
- ¿Qué pasaría si…? ¿Qué pasaría si no hubiera acotaciones?
- El espejo Escribe de forma narrada lo que ocurre en este fragmento teatral. ¿Qué diferencia hay entre ambos textos?

1 2 3 4 Paso

Representamos nuestra obra de microteatro.

- Por parejas, representad vuestra obra ante la clase.
- Valorad las representaciones de vuestros compañeros y vuestras compañeras.

Zona creativa

¡Vamos a convertir un cuento en una obra teatral! Para ello:

- En grupos, seleccionad un cuento, divididlo en escenas y repartíos las escenas entre los grupos.
- Cada grupo escribe los diálogos y las acotaciones de su escena.
- Repartid y memorizad los papeles de los personajes, ensayad y representad vuestra escena ante la clase.

Organizo mi mente

anayaeducacion.es
Dispones de una versión imprimible de esta página en el apartado «Organizo mi mente» del banco de recursos.

anayaeducacion.es
No olvides consultar los apartados «Para estudiar» y «Aprende jugando» en el banco de recursos.

1 Copia este esquema en tu cuaderno y complétalo con la información que has aprendido en el apartado de Gramática:

La oración
- **Sujeto**
  - Es...
  - Su núcleo es...
  - Su posición en la oración
    - Delante del predicado
    - ... del predicado
    - ... del predicado
- **Predicado**
  - Es...
  - Su núcleo es...

Colecciono palabras

2 Recuerda el significado de estas palabras de la Lectura, elige una de ellas y represéntala ante tus compañeras y compañeros mediante mímica. ¡El resto de la clase adivina!

apéndice

marmotas

gandul

cónica

ahumado

Qué he aprendido

Vocabulario

1 Busca en el diccionario el significado de los siguientes neologismos y escribe una oración con cada uno de ellos: debut, nube, biscote, inalámbrico, blog.

2 Copia estas oraciones y sustituye por otras las palabras destacadas:

– He comprobado que todo esta ***ok.***

– ¡El ***show*** está a punto de comenzar!

– Esta semana saldremos en ***jeep.***

– He comprado ***baguettes*** en la panadería.

3 Copia en tu cuaderno y relaciona las palabras de las columnas:

casting	correo
e-mail	enlace
parking	audición
hall	vestíbulo
link	aparcamiento
test	prueba

Gramática

4 Copia y subraya, de rojo, los sujetos, y de azul, los predicados. Luego, rodea los núcleos:

– La gata saltó desde aquel tejado.

– Esta tarde mis amigos recogerán los deberes.

– El libro lo compró en esa librería mi hermano Álex.

5 Cambia de posición el sujeto de las oraciones de la actividad anterior.

Ortografía

6 Escribe el singular de las siguientes palabras:

narices	paredes	enfermedades
capacidades	andaluces	rapaces
humedades	coces	localidades

7 Completa en tu cuaderno las oraciones con estas palabras en plural: tempestad, feliz, juez, cantidad.

– Los … dictaminarán sentencia esta tarde.

– Con el premio nos sentimos …

– Tengo la receta con las … anotadas.

– Quien siembra vientos recoge …

8 Escribe oraciones en tu cuaderno con los plurales de estas palabras: lápiz, cantidad, albornoz, maíz, red, suciedad.

Dictado

Lee el texto para preparar el dictado y escríbelo con buena letra:

El avestruz es el ave más grande que existe. Son aves no voladoras pero muy veloces, ya que pueden correr a una velocidad de hasta 90 kilómetros por hora. Tienen curiosidad por los objetos brillantes. Alcanzan la madurez sexual entre los dos y los cuatro años de edad. En libertad viven entre treinta y cuarenta años.

Cómo he aprendido

Recuerda seleccionar el material de trabajo de esta unidad para tu portfolio.

anayaeducacion.es Dispones de una versión imprimible de esta página en el «Portfolio» del banco de recursos.

1 Pide a un compañero o a una compañera que copie la tabla y evalúe tu trabajo en la unidad del 1 al 10, en estos aspectos:

	1	2	3	4	5	6	7	8	9	10
Participación en clase.										
Atención en clase.										
Capacidad de trabajo en equipo.										
Ganas de aprender.										

- ¿Estás de acuerdo con las puntuaciones que has recibido?

2 Piensa en lo que has aprendido de tus compañeros y compañeras en la elaboración del reto, y lo que ellos y ellas han aprendido de ti, y resúmelo en unas líneas:

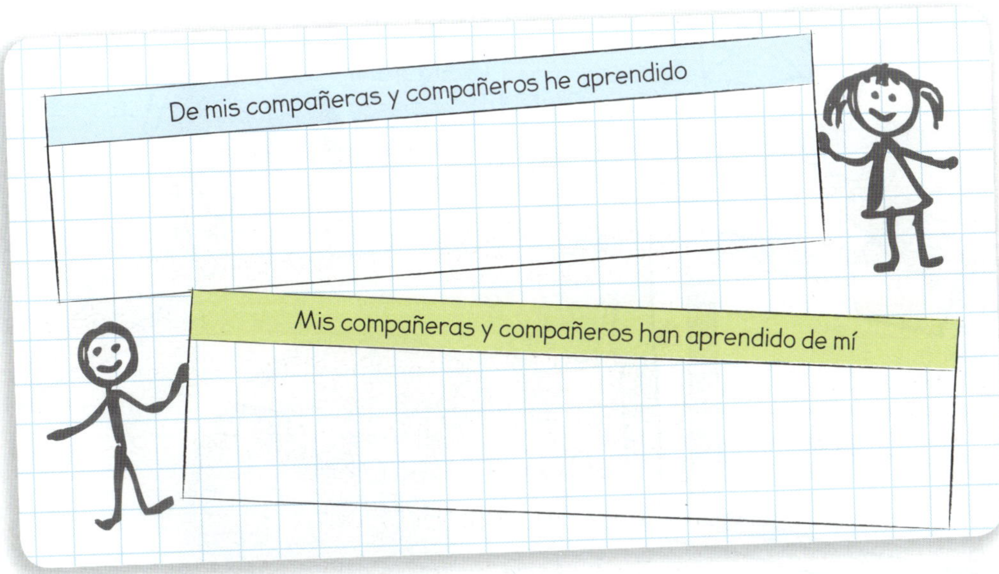

3 Completa en tu cuaderno las siguientes afirmaciones:

- De todo lo que he aprendido en esta unidad, lo que más utilidad tiene es ...
- Conocer qué son neologismos y extranjerismos me va a ser de utilidad para ...
- Saber lo que son el sujeto y el predicado me va a ser útil para ...
- Conocer las normas de ortografía de esta unidad me va a ser útil para ...

anayaeducacion.es Descubre y comparte en familia.

12 Correo urgente

Antes de la aparición del correo electrónico y de los teléfonos inteligentes, las cartas eran una forma habitual de comunicarse por escrito. ¿Has recibido una carta alguna vez? ¿La has enviado tú?

Te proponemos un reto

¿Te atreves a escribir una novela epistolar?

Para superar el reto... investigo y aprendo

- Lectura: *Querido primo...*
- Usos de la lengua
- Textos de la vida cotidiana
- Clases de oraciones
- Palabras con *ll* y con *y*
  Palabras con *x*
- Textos para jugar

Para demostrar que lo he superado escribo... una novela epistolar

- Paso 1: Nos informamos sobre las novelas epistolares.
- Paso 2: Escribimos nuestra novela epistolar.
- Paso 3: Revisamos los textos y ultimamos los detalles de nuestra novela.

Lectura

Antes de leer

- Observa la forma de estos textos. ¿Los habías visto antes alguna vez? ¿Dónde?
- Escucha el texto de la Lectura.

Querido primo... 14

≡✉ Mensaje Nuevo Cc Cco

De: Marc

Para: Carlos

Asunto:

Hola, primo Carlos:

Espero que todo vaya bien por tu casa. Por aquí todo más o menos igual. El abuelo es el que está peor. No es que le duela nada. Lo que le pasa es que se ha puesto nostálgico. [...] Ayer me fue a buscar a la salida del cole y me llevó a probar unas croquetas estupendas que hacen en un bar de la calle Escosura. Estaban buenas, pero las que hace tu madre están mucho mejor. No sé con qué hace la pasta, pero, bajo mi punto de vista, las croquetas de tía Covadonga son las mejores del mundo. [...]

Al parecer todo comenzó el otro día que no fui a la escuela. Me dolía la garganta y el abuelo se pasó la mañana conmigo, sentado en el borde de la cama hablando y hablando de sus cosas. Una cosa llevaba a la otra hasta que llegó a su primer amor. Una pelirroja que... El caso es que, aunque te parezca increíble, nuestro abuelo pretende recuperar a aquella su primera novia que tuvo, como lo oyes. Y no solo eso, quiere que sea yo quien le ayude en la búsqueda, que sea su compinche y que no diga nada a nadie. [...]

Cuando llegamos a casa, justo, regresaba mi padre de su trabajo, en su flamante bicicleta de cuadro de aluminio y no sé cuántas cosas más. El abuelo me miró, me guiñó un ojo y se llevó el dedo índice a los labios pidiéndome silencio total. [...]

Bueno, te dejo que tengo que merendar. No sé si prepararme un bocadillo de queso o de salchichón. Lanzaré una moneda al aire. Si sale cara me lo haré de queso, si sale cruz de salchichón y, si sale de canto, me comeré una manzana.

Ah, se me olvidaba: mi vecina Begoña me ha traído un regalo de Lisboa. Un dinosaurio de cartón piedra que se puede pintar. Tiene una fila de placas puntiagudas a lo largo de la espalda. [...]

Enviar

Vocabulario

Nostálgico: triste, melancólico.

Pretende: quiere, intenta.

Compinche: cómplice.

Flamante: nueva, magnífica.

De: Carlos
Para: Marc
Asunto:

Querido primo Marc:

Mira qué casualidad: me acabo de comer una manzana jugosa, dulce, riquísima, con piel, sin gusano.

Te recuerdo que anteayer fue el cumpleaños de mi madre y que no la habéis felicitado. […]

¡Vaya con el abuelo! Imagino que él mismo se tiene que dar cuenta de que es imposible encontrar aquel amor de hace casi un siglo. […]

Ya, por fin, tenemos maestra nueva en la academia de inglés. Es rubia, muy alta y habla un español estupendo. Lo que más me ha gustado de ella es su nombre. Aunque ya no me acuerdo si ha dicho que se llama Pippi Tetley o Tetley Pippi. […]

¿Por qué no me haces una foto de ese dinosaurio que te ha regalado tu vecina y me la mandas? Te lo digo porque me parece que se trata de un estegosaurio. En clase tenemos un póster con diferentes dinosaurios. Está en inglés, pero se entiende perfectamente *DINOSAUR TYPES* pone.

Daniel Nesquens, *Marcos Mostaza 4*. Ed. Anaya.

Comprensión lectora

Contestamos el test

1 ¿Cómo se llaman los autores de los correos electrónicos?

a) Marc y Pablo.

b) Carlos y Marc.

c) Carlos y Pablo.

2 ¿Qué parentesco les une?

a) Son primos.

b) Son hermanos.

c) Son amigos.

3 ¿Qué quiere recuperar el abuelo?

a) Las croquetas.

b) A su primer amor.

c) A sus nietos.

4 ¿Cómo era la primera novia del abuelo?

a) Morena.

b) Rubia.

c) Pelirroja.

5 ¿Quién regala el dinosaurio a Marc?

a) Su profesora.

b) Su vecina.

c) Su madre.

6 ¿Qué le recuerda Carlos a Marc?

a) Que haga una foto al dinosaurio.

b) El nombre de su profesora de inglés.

c) Que fue el cumpleaños de su madre.

Nos acercamos al texto

7 ¿Quién crees que es la profesora de Inglés de Carlos? ¿Por qué lo sabes? Descríbela en detalle oralmente.

Entendemos la lectura

8 ¿Por qué el abuelo se llevó el dedo índice a los labios?

9 ¿Te parece una misión fácil o difícil la del abuelo y Marc?

10 ¿Cuál de estos es el dinosaurio que le han regalado a Marc?

11 ¿Es una buena técnica lanzar una moneda al aire para tomar decisiones? ¿Por qué? Escribe tres situaciones en las que la utilizarías.

Reflexionamos

12 Tablero de historias Imagina un encuentro entre el abuelo de Marc y su antigua novia. ¿Cómo sería?

13 Desventajas e inconvenientes Piensa en las desventajas del correo electrónico para comunicarse, y encuentra soluciones.

Paso 1 2 3

Comprobamos **Nos informamos sobre las novelas epistolares.**

- Anota lo que crees que es una novela epistolar. Luego, en grupos, comparad vuestras respuestas.
- Averiguad en Internet lo que es una novela epistolar y sus principales características. ¿Coincide con vuestra idea inicial?

anayaeducacion.es Completa en la web tu ficha de lectura.

Usos de la lengua

1 ¿Qué diferencias encuentras entre estos correos electrónicos?

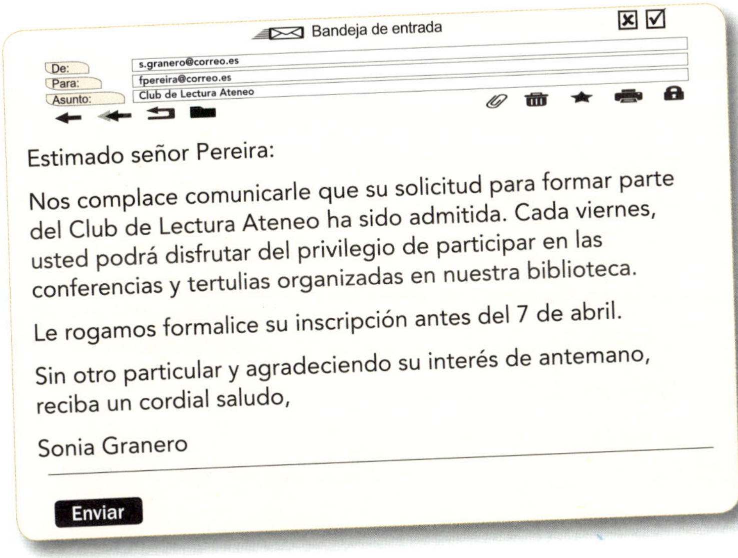
Bandeja de entrada

De: s.granero@correo.es
Para: fpereira@correo.es
Asunto: Club de Lectura Ateneo

Estimado señor Pereira:

Nos complace comunicarle que su solicitud para formar parte del Club de Lectura Ateneo ha sido admitida. Cada viernes, usted podrá disfrutar del privilegio de participar en las conferencias y tertulias organizadas en nuestra biblioteca.

Le rogamos formalice su inscripción antes del 7 de abril.

Sin otro particular y agradeciendo su interés de antemano, reciba un cordial saludo,

Sonia Granero

Enviar

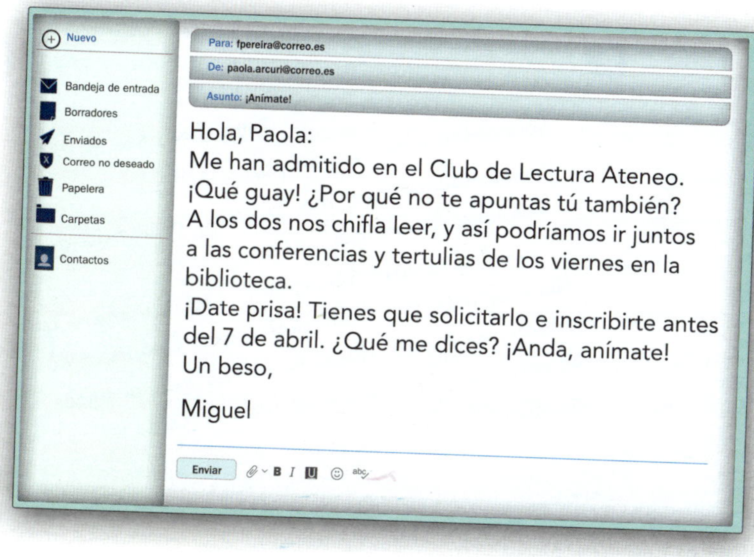
Nuevo
Bandeja de entrada
Borradores
Enviados
Correo no deseado
Papelera
Carpetas
Contactos

Para: fpereira@correo.es
De: paola.arcuri@correo.es
Asunto: ¡Anímate!

Hola, Paola:

Me han admitido en el Club de Lectura Ateneo. ¡Qué guay! ¿Por qué no te apuntas tú también? A los dos nos chifla leer, y así podríamos ir juntos a las conferencias y tertulias de los viernes en la biblioteca.

¡Date prisa! Tienes que solicitarlo e inscribirte antes del 7 de abril. ¿Qué me dices? ¡Anda, anímate!

Un beso,

Miguel

Enviar

El **uso que hacemos de la lengua** depende de la situación comunicativa, de la persona a la que nos dirigimos y de nuestra intención. Así, entre familiares y amistades solemos utilizar una **lengua coloquial,** mientras que con personas a las que no conocemos o con quienes no tenemos confianza utilizamos una **lengua formal.**

2 Clasifica estos enunciados en tu cuaderno según correspondan a una lengua formal o coloquial:

- Distinguida señora Mondéjar:
- ¡Qué va, no voy a poder ir!
- Cordialmente, me despido,
- Chao, Marta, hasta luego.

3 ¿Qué tipo de lenguaje utilizarías para escribir estos correos?

- A una asociación protectora de animales para ofrecerte como voluntario.
- A un amigo que se ha ido a vivir a otro país.
- Al ayuntamiento para solicitar una información.

4 Por parejas, representad estos diálogos oralmente:

- Dos amigos se encuentran; hace mucho que no se ven.
- Una persona pregunta a otra por la calle cómo llegar a un lugar.

Textos de la vida cotidiana

1 Lee y responde a las preguntas:

A

Noja, 3 de abril de 2019.

Queridos mamá y papá:
Estas vacaciones me lo estoy pasando genial con la prima Julia.
¿Qué tal estáis vosotros? Tía Carmen y tío Manuel me han dicho que llegaréis el próximo lunes. ¡Qué bien! Es que a veces os echo de menos, sobre todo a Rita.
Hasta el lunes,

Miguel

B

De: Juliasjm@correo.es
Para: ana.arroyo@correo.es
Asunto: ¡Vivan las vacaciones!

Hola, Ana:
Aprovecho que mi madre me ha dejado su tableta para escribirte. Estoy de vacaciones en el pueblo con mis padres y con mi primo Miguel. ¡Lo estoy pasando guay! Además, el lunes llegarán mis tíos Antonio y Laura con su perra Rita. ¡Va a ser la bomba!
Un beso,
Julia

Enviar

- ¿Qué tipo de documento es el texto A? ¿Y el texto B?
- ¿Quién envía cada uno?
- ¿Qué saludos y despedidas se emplean?
- ¿Qué similitudes y diferencias observas entre los dos textos?

Utilizamos **cartas** y **correos electrónicos** en nuestra vida cotidiana para enviar y recibir mensajes por escrito, las primeras a través del correo postal, y las segundas, por vía electrónica.

2 Escribe una carta a un familiar, consigue un sobre como este y complétalo con los datos necesarios para enviarla, como en el ejemplo:

Nombre y dirección del destinatario (persona que recibe la carta).

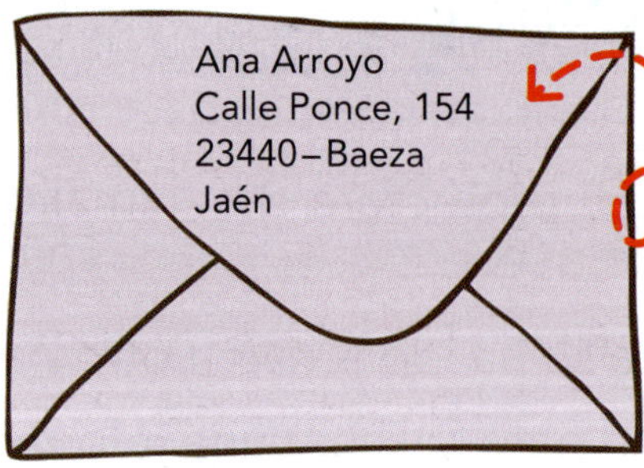

Nombre y dirección postal del remitente (persona que envía la carta).

3 Organizad la clase en dos grupos. Uno escribirá una carta, y el otro, un correo electrónico al ayuntamiento de vuestra localidad solicitando determinadas mejoras en vuestro colegio. ¡Recordad utilizar un lenguaje formal!

El formulario y la encuesta son documentos que utilizamos en nuestra vida cotidiana para recoger información:

- El **formulario** es un impreso con espacios para rellenar.
- La **encuesta** es una serie de preguntas dirigidas a un conjunto de personas para extraer datos de interés.

4 Observa estos documentos. ¿Cuál es el formulario y cuál es la encuesta? ¿Por qué lo sabes?

A

Solicitud de admisión en el Club de Lectura Ateneo

Apellidos: .... Nombre: ....
NIF: .... Fecha de nacimiento: ....
Dirección: .... N.º: .... Piso: .... CP: ....
Teléfono: .... Correo electrónico: ....

B

1. Título del último libro leído en la biblioteca: ....
....
2. ¿Qué tipo de libros suele consultar o leer aquí?
☐ Poesía ☐ Diccionarios y enciclopedias ☐ Cómic
☐ Narrativa ☐ Ciencia y naturaleza ☐ Otros
3. ¿Cuántos libros ha leído aquí en el último mes? ☐
4. ¿Recomendaría nuestra biblioteca a sus amistades?
☐ Sí ☐ No ☐ No sabe/No contesta

Zona de expresión

Vais a preparar una encuesta sobre el reparto de tareas en el hogar. Para ello:

- Con un procesador de textos, preparad las preguntas. Por ejemplo: ¿cuántas personas vivís en tu casa?; ¿en qué tareas participas?; ¿ordenas tu habitación?...
- Haced copias de la encuesta y distribuidla en el colegio.
- Recoged los datos y sumad los resultados. ¿Qué conclusiones habéis sacado?

Paso 1 2 3 — Escribimos nuestra novela epistolar.

- En parejas, decidid qué personajes vais a interpretar a través de vuestras cartas, y planificad dónde, cuándo y qué ocurrirá en la historia.
- La primera persona anotará en su carta el lugar y la fecha, un saludo al personaje destinatario y, en el cuerpo del mensaje, presentará la situación inicial. Para terminar, firmará su carta.
- La segunda persona responderá a esa carta y así sucesivamente hasta completar las distintas partes del relato (introducción, nudo y desenlace) intentando no sobrepasar las 6 u 8 cartas.

Clases de oraciones

Según la intención comunicativa, las oraciones pueden ser:

- **Enunciativas,** para dar información. Pueden ser **afirmativas** *(He enviado una carta)* o **negativas** *(Carmela no compró pan).*
- **Interrogativas,** sirven para hacer preguntas. En la escritura, van siempre entre signos de interrogación (*¿Cuántos años tienes?*).
- **Exclamativas,** sirven para expresar sorpresa, miedo, alegría… En la escritura, van siempre entre signos de exclamación (*¡Qué alegría me has dado!*).

1 Lee el siguiente texto y realiza las actividades:

Un día, al llegar a casa, abrí el buzón y encontré una carta. No conocía al remitente, se llamaba Xosé, y escribía desde Vigo. ¿Quién sería? ¿Se habría equivocado? Comprobé que yo era la destinataria, así que abrí el sobre. ¡Qué emoción! ¡Estaba entusiasmada y expectante! ¿Qué querría contarme el tal Xosé? Aquella carta era preciosa. Xosé me explicaba que su abuela estaba buscando a su mejor amiga de la infancia. La abuela de Xosé, que se llamaba Alejandra, había vivido de pequeña en Almería, donde vivo yo, y allí tenía una amiga que se llamaba Isabel. ¡No podía creerlo! ¡Isabel era mi abuela! Cuando se lo conté, mi abuela también se emocionó. La semana siguiente, después de muchos años, nuestras abuelas se reencontraron. Y entre Xosé y yo surgió una gran amistad.

- Encuentra y copia dos oraciones enunciativas afirmativas.
- Encuentra dos enunciativas negativas y transfórmalas en afirmativas.
- Copia en tu cuaderno las oraciones interrogativas y exclamativas que encuentres.

2 Clasifica estas oraciones en tu cuaderno en enunciativas afirmativas, enunciativas negativas, interrogativas y exclamativas:

– ¿Dónde están los tomates?
– No me apetece ir.
– Saldremos pronto.
– ¡Me ha encantado!

3 Relaciona cada oración interrogativa con su respuesta:

¿Te apetece algo de comer?	Por el camino más corto.
¿Dónde están las llaves?	Claro, te llamaré sobre las 7.
¿Por dónde has venido?	Sí, por favor, un bocadillo.
¿Me llamarás mañana?	Creo que están en tu bolso.

4 Transforma estas oraciones en exclamativas haciendo los cambios que necesites, como en el ejemplo:

Este libro me ha gustado mucho. → ¡Me ha encantado este libro!

– Estoy muy feliz de que hayas vuelto.
– Hacía mucho tiempo que no te veía.
– Mi perro es muy peligroso, debes tener cuidado.
– Estamos pasando mucho frío.

5 Copia el diálogo con los signos de interrogación y exclamación que faltan:

—Hola, Alicia. Qué sorpresa me has dado. Cómo es que has venido a vernos.
—Ay, a mí también me alegra mucho verte. Pasaba por aquí y he mirado a ver si os veía. Cómo estáis.
—Por aquí todo sigue como siempre. Qué tal en tu nuevo barrio. Conoces a mucha gente.
—Sí, tengo muchos amigos. Pero os echo tanto de menos.

6 Transforma las oraciones afirmativas en negativas, y viceversa, según corresponda:

– Ayer vimos a tu perro en el balcón.
– El verano pasado viajaste a Japón.
– No me gustan las películas de acción.
– Este viernes no podemos ir al teatro.
– Me gustó el libro que me dejaste.
– Adrián no sabe en qué puerta vive.

anayaeducacion.es Realiza la actividad que se propone en el apartado «Recursos por unidad».

Palabras con *ll* y con *y*

1 Lee y copia en tu cuaderno las palabras con ll y con y. Añade una palabra más de cada tipo.

Se escriben con **ll:**

- Las palabras terminadas en **-illo, -illa, -ello, -ella, -alle** o **-elle** (*amarillo, chiquilla, bello, aquella, valle, muelle*).
- La mayor parte de los verbos terminados en **-illar, -ullar** y **-ullir** en todas sus formas (*chillar, maullar, engullir*).

Se escriben con **y:**

- Las palabras que contienen las sílabas **yec** y **yer** (*trayecto, yermo*).
- Algunas formas de verbos que no contienen ni **y** ni **ll** en su infinitivo (*leyó, vayamos*).
- Detrás de **ad-, des-, dis-** y **sub-** (*adyacente*).

2 Escribe una oración con cada una de las palabras que representan estas imágenes:

3 Completa las oraciones con palabras con y:

– Le pusieron una ... para calmar el dolor.
– Me encantó el cuento que nos ... la maestra.
– El marido de tu hija es tu ... .

4 Completa las palabras con y o ll:

potri...o	o...ó	distribu...o	marti...o
antea...er	au...ar	tobi...o	ab...ecto
chi...aba	ca...aron	pro...ección	dis...untiva
bu...ir	desma...arse	rodi...a	re...erta

Palabras con x

1 Observa las imágenes. ¿Qué sonido comparten sus nombres?

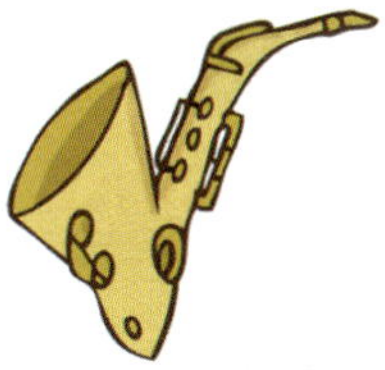

Se escriben con **x** las palabras que empiezan por:

- Los prefijos **ex-** y **extra-** *(exalumno, extraordinario)*.
- La sílaba **ex** seguida de **h** o de **vocal** *(exhibir, examen)*, o de los grupos consonánticos **pr** y **pl** *(expresivo, explicar)*.
- **Xeno-, xero-** o **xilo-** *(xenófobo, xerografía, xilófono)*.

2 Copia y completa con x o s, según corresponda:

– Es una cantante e…traordinaria.

– Estamos e…perándote.

– Hicimos una e…capada por el bosque.

– Juana viaja mucho al e…tranjero.

3 Escribe una oración con cada una de estas palabras: expresidente, extraordinaria, xilofonista, exprimir, explanada.

4 Relaciona cada palabra con su definición: explorador, exprimidor, extrañar.

– Utensilio para extraer zumo.

– Echar de menos a alguien o algo.

– Persona que recorre y descubre lugares.

1 2 3 Paso

Revisamos los textos y ultimamos los detalles de nuestra novela.

- Revisad la ortografía de vuestros escritos, realizad las correcciones necesarias y redactad la versión final.
- Cread una bonita portada que incluya un título atractivo para la novela y vuestros nombres.
- Numerad las páginas y encuadernad el trabajo.
- Compartid vuestro trabajo con el resto de la clase.

Dictado

Antes del dictado

Lee atentamente el texto.

El mes de **mayo** es **maravilloso** para visitar el **valle** del Jerte. Hace años hicimos una **excursión** por **aquella** zona **extremeña** y fue una **experiencia extraordinaria.** Lo que más me gustó fueron los animales que **hallamos** por el camino: **bueyes, caballos, yeguas…** A mis hermanas, **Yaiza** y **Yolanda,** les gustó tanto que se **construyeron** una casa **allí.**

Después del dictado

Valora el resultado.

ORTOGRAFÍA	PRESENTACIÓN	CALIGRAFÍA

anayaeducacion.es Realiza el dictado que se propone en el apartado «Recursos por unidad».

Textos para jugar

1 Lee este trabalenguas rápidamente:

Tengo una cabra ética, perética y pelapelambrética,
si los hijos de la cabra ética, perética y pelapelambrética,
no fueran éticos, peréticos y pelapelambréticos
la cabra no estaría ética, perética y pelapelambrética.

J. C. Valdés, *Adivinanzas y trabalenguas*. Ed. Edelvives.

2 ¿Para qué se utiliza cada una de estas retahílas?

Para curar heridas.

Para buscar objetos.

Para echar a suertes.

Grillo, grillo, grillo,
quien lo encuentre,
¡para su bolsillo!

Pito, pito, colorito.
¿Dónde vas tú tan bonito?
A la era verdadera,
pin, pon, ¡fuera!

Cura sana,
culito de rana,
si no se te cura hoy,
se te curará mañana.

3 Lee estas adivinanzas. ¿Qué tienen en común?

¿Quieres té?
¡Pues toma té!
¿Sabes tú qué fruto es?

Un señor gordito,
muy coloradito,
no toma café,
siempre toma té.

Á. Navarro y M. Cabassa, *Adivina adivinanza…* Ed. Anaya.

4 Invéntate una adivinanza y compártela con tus compañeras y compañeros. ¿Alguien ha adivinado su solución?

Zona creativa

Folio giratorio

Por grupos, inventad una retahíla para jugar al escondite.

Organizo mi mente

anayaeducacion.es Dispones de una versión imprimible de esta página en el apartado «Organizo mi mente» del banco de recursos.

anayaeducacion.es No olvides consultar los apartados «Para estudiar» y «Aprende jugando» en el banco de recursos.

1 Copia este esquema con la información que has aprendido en el apartado de Gramática y complétalo con ejemplos:

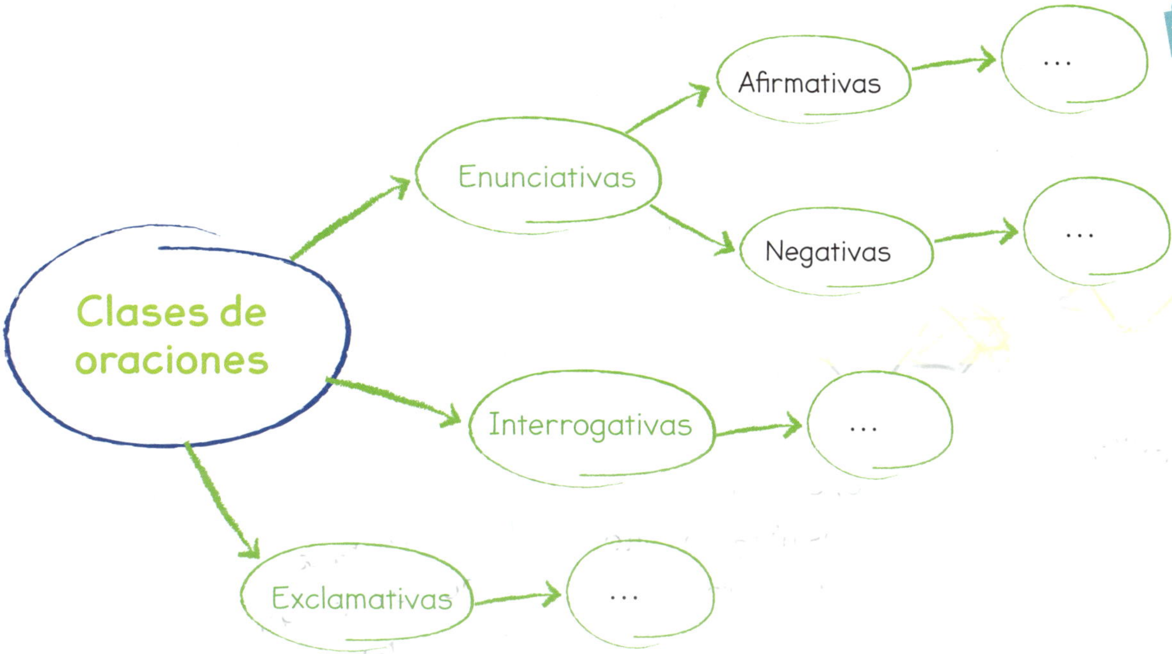

Colecciono palabras

2 Copia y completa las siguientes oraciones con palabras de la Lectura:

flamante — compinche — nostálgica — pretendía

– Virginia siempre fue mi … cuando, de pequeñas, compartíamos un secreto.

– Lo único que … su madre era que terminase de escribir aquella carta.

– A Nicolás le encanta pasear en su … coche rojo.

– Eva se puso … cuando se despidió de sus amigas.

Qué he aprendido

Vocabulario

1 Copia y relaciona cada expresión formal con su correspondiente expresión coloquial:

trabajo	me mola
amiga	curro
me gusta	largarse
irse	chulísimo
magnífico	colega

2 Formal o coloquial, ¿qué registro utilizarías en estas situaciones?

– Pedirle a tu madre ir al cine.

– Preguntar la hora a un señor.

– Pedirle a tu hermano que juegue contigo.

– Preguntar al conductor en qué parada debes bajar.

Gramática

3 Transforma las siguientes oraciones en interrogativas:

– Necesito saber dónde está la biblioteca.

– Me gustaría saber cuántos años tienes.

– Me pregunto si le habrá gustado la sopa.

– Quiero averiguar cómo se llama usted.

4 Escribe una oración exclamativa a partir de estas situaciones:

– Tienes mucho sueño.

– Alguien sale a la calle sin paraguas.

– Tu hermano está a punto de resbalarse.

– Estás muy triste porque has suspendido un examen.

5 Copia y coloca los signos de exclamación o interrogación, según corresponda:

– Cuándo nos vemos.

– Qué hambre tengo.

– Dónde es la fiesta.

– Qué película vamos a ver.

– No me lo puedo creer.

– Es lo más bonito que he visto en mi vida.

6 Escribe libremente una oración afirmativa y una oración negativa en tu cuaderno.

Ortografía

7 Dibuja en tu cuaderno un esquema sobre el uso de la y, de la ll y de la x.

8 Escribe cuatro oraciones en las que utilices estas palabras: yerno, silla, extremo, paella.

Dictado

Lee el texto para preparar el dictado:

Las niñas y los niños de aquella villa eran muy pillos. Salían a jugar todos los días, cerca del valle, para explorar. Algunos días hallaban lo que ellos llamaban joyas, es decir, trozos de minerales; otros días se encontraban con exalumnos del colegio y jugaban a que eran extraterrestres.

Cómo he aprendido

1 Piensa en tu trabajo a lo largo de la unidad y responde a estas preguntas con sinceridad:

- ¿Cuál es la actividad que más te ha gustado? ¿Y la que menos?
- ¿Cómo te ha resultado la unidad, fácil o difícil?
- ¿Cómo te has sentido a lo largo de la unidad?

2 Reflexiona y completa en tu cuaderno las siguientes afirmaciones con sinceridad:

- Aprender a usar el lenguaje adecuado en cada situación me sirve para ...
- Puedo usar las cartas y los correos electrónicos para ...
- En mi vida diaria, los formularios y las encuestas son útiles para ...
- Aprender los tipos de oraciones me puede servir para ...
- Utilizar la *ll*, la *y* y la *x* correctamente es importante porque ...

3 Reflexiona sobre tus logros y sobre las dificultades que has encontrado a lo largo del curso, y marca dónde crees que estabas al comienzo y hasta dónde has llegado en cada aspecto:

LA CARRERA DE LENGUA

- Ortografía
- Gramática
- Vocabulario
- Comprensión oral
- Comprensión lectora
- Expresión oral
- Expresión escrita
- Literatura

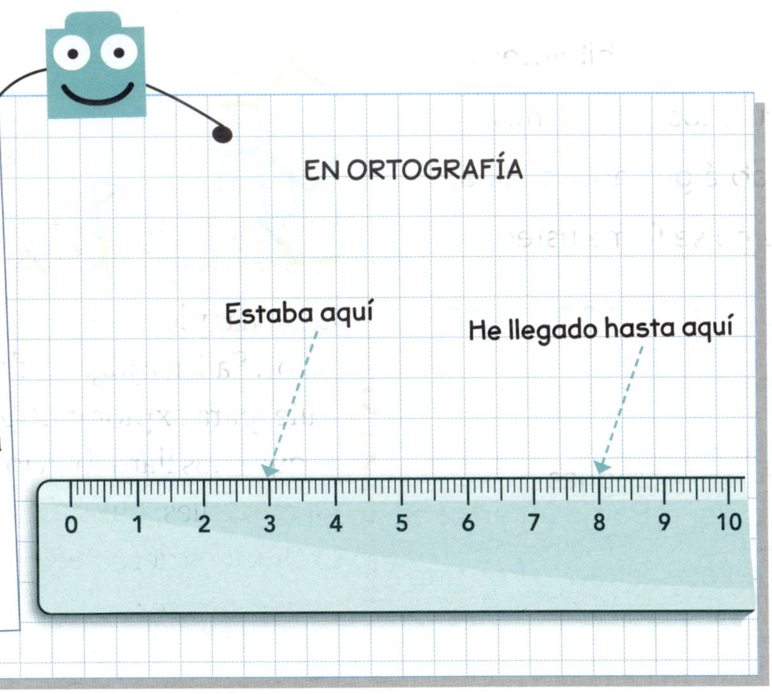

PORTFOLIO 12

Recuerda seleccionar el material de trabajo de esta unidad para tu portfolio.

anayaeducacion.es Dispones de una versión imprimible de esta página en el «Portfolio» del banco de recursos.

anayaeducacion.es Descubre y comparte en familia.

Repaso trimestral

1 Lee y responde a las preguntas:

U M C R T A W D P O Ñ X

PEDRO.— *(Algo vacilante)* Papá...

PADRE.— Dime, Pedro...

PEDRO.— Debes firmar el cuaderno.

PADRE.— ¿Qué cuaderno?

PEDRO.— El de notas. Hemos hecho el dictado en el colegio.

PADRE.— Déjame ver... Humm... Cuántas marcas azules. Me parece que has cometido muchos errores...

PEDRO.— La culpa es de la hache. Nunca sé cuándo hay que ponerla y cuándo no. Le he dicho a la maestra que la hache esa la ha tomado conmigo, siempre hace que me equivoque *(comienza a lloriquear)*; yo no sé quién ha inventado la hache. ¿No podrían quitarla? Ya hay muchas cosas en el abecedario, muchas letras... *(llora)*: está la B, está la V, la G, la J..., y también la hache... [...]

PADRE.— Todos cometemos errores cuando estamos aprendiendo a escribir. No se puede saber todo de golpe...

PEDRO.— ¿Así que no estás enfadado?

PADRE.— No estoy lo que se dice contento, si eso es lo que quieres saber. Pero pienso que deberías estar más atento la próxima vez.

PEDRO.— ¡Y no haré más errores!

PADRE.— Es posible que sigas teniendo alguna falta... Lo importante es hacer cada vez menos. Además, ¿sabes cómo dice el refrán?

PEDRO.— Sí, papá: el tiempo es oro...

PADRE.— ¡Anda, qué tiene que ver el oro aquí...! El refrán dice... escúchame bien: Del error se aprende.

Gianni Rodari, *Juegos de la fantasía*. Ed. Edelvives.

- ¿Por qué crees que Pedro comete más errores con la letra *h*?
- ¿Qué consejo le da su padre?
- Explica el significado del refrán «del error se aprende»?
- ¿Estás de acuerdo con ese refrán? ¿Por qué?
- ¿Por qué es importante estar atento cuando trabajamos?

2 Forma palabras compuestas a partir de los verbos parar, romper y sacar, y de las siguientes palabras simples:

puntas · olas · caídas · rayos · cabezas · corchos

3 Explica el significado de estas siglas y abreviaturas, y clasifícalas en tu cuaderno: pág., RAE, núm., CP, telf., EE. UU., Sr., Dr., DNI.

Siglas	Abreviaturas
…	…

4 Relaciona en tu cuaderno cada extranjerismo con su sinónimo:

bistec	libreta
sándwich	danza
ballet	filete
bloc	bocadillo

5 Relaciona las palabras de cada fila y clasifícalas en tu cuaderno:

bocata - flipar - jorobar - chaval
fastidiar - chico - asombrarse - bocadillo

Formal	Coloquial
…	…

6 Copia estas oraciones y subraya los adverbios. Luego, clasifícalos según sean de tiempo, de modo o de lugar:

– Lo has hecho bien.

– Hemos llegado tarde.

– Mónica vive cerca de la biblioteca.

7 Encuentra tres preposiciones en la lectura de la actividad 1, cópialas en tu cuaderno y añade tres más.

8 Convierte estas frases en oraciones:

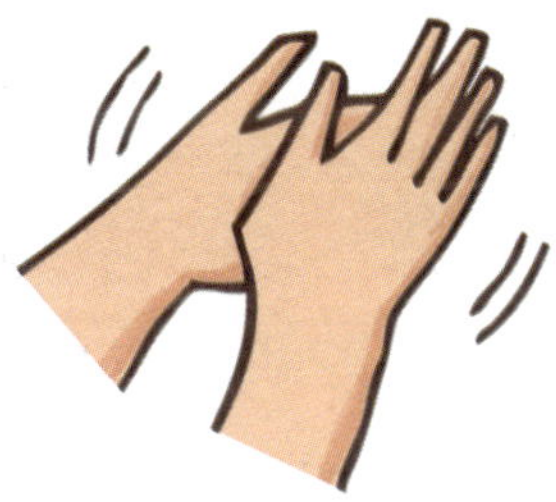

¡Bravo!

¡Silencio, por favor!

9 Une en tu cuaderno los sujetos con los predicados para completar las oraciones:

– Laura y Lucas	saltó la valla.
– Mi padre y yo	ganarán el concurso.
– El perro	salimos en bici.

10 Invento una oración de cada clase: enunciativa afirmativa, enunciativa negativa, interrogativa y exclamativa.

11 Completa cada palabra con la letra que le falta: z, d, g, j, h, ll, y o x.

a…er	verda…	ciuda…
antifa…	maquilla…e	…estos
reco…er	…eografía	constru…eron
chiqui…o	hu…ó	…uevo
e…plorar	…ilófono	e…amen

Apéndice

En estas páginas encontrarás:

- Un resumen de los contenidos gramaticales del curso.
- Un resumen de las reglas ortográficas del curso.
- Las conjugaciones de los verbos *cantar*, *correr* y *decidir*, que te servirán de modelo para todos los verbos regulares de la 1.ª, 2.ª y 3.ª conjugación, así como la conjugación del verbo *haber*.

¡Gramática!

Letra, sílaba y palabra

Las **palabras** están formadas por **sílabas** y estas, por **letras.**

- Las **letras** representan los sonidos de la lengua en la escritura. Pueden ser vocales y consonantes.
- La **sílaba** es el sonido o conjunto de sonidos que pronunciamos con cada golpe de voz cuando decimos una palabra.
- Según su número de sílabas, las **palabras** pueden ser: **monosílabas,** una sola sílaba *(paz)*; **bisílabas,** dos sílabas *(ra-na)*; **trisílabas,** tres sílabas *(pe-lo-ta)*; **polisílabas,** más de tres sílabas *(chi-me-ne-a)*.

El nombre

Los **nombres** o **sustantivos** designan personas, animales, plantas, objetos, lugares...

- Según su **género,** los nombres pueden ser **masculinos** *(pato)* o **femeninos** *(pata)*.

Los nombres masculinos suelen terminar en **-o** y los femeninos en **-a** *(niño/niña)*.

Casos especiales: nombres que tienen **formas distintas** para el masculino y el femenino *(carnero, oveja)*; nombres que forman el femenino añadiendo **-triz, -esa** o **-ina** al masculino *(actriz, alcaldesa, heroína)*; y **nombres iguales** en masculino y femenino, y que solo se diferencian por el artículo *(el artista/la artista)*.

- Según su **número,** los nombres pueden ser **singulares** *(pata)* o **plurales** *(patas)*.

Si la palabra en singular termina en **vocal,** el plural se forma añadiendo **-s** *(niña/niñas)*; si termina en consonante, se añade **-es** *(pintor/pintores)*; si termina en **-z,** se añade **-ces** *(perdiz/perdices)*; si termina en **-s,** no cambia *(lunes)*.

- Según su **significado,** los nombres se pueden clasificar en:

Comunes, nombran seres u objetos de la misma clase *(oveja, pintor, mar)*.

Propios, nombran un ser u objeto de manera concreta y distinguiéndolo de los demás *(Lola, Dalí, Mediterráneo)*.

Individuales, nombran, en singular, a un solo ser u objeto *(oveja)*.

Colectivos, nombran en singular a un conjunto de seres u objetos de la misma clase *(rebaño)*.

El adjetivo

El **adjetivo** expresa una cualidad del nombre al que acompaña y **concuerda** con él en género y número *(una habitación ordenadísima)*.

- Según el **género,** puede ser **masculino** o **femenino.** Algunos adjetivos no varían en cuanto al género *(una chica elegante/un chico elegante)*.
- Según el número, puede ser **singular** o **plural.** Si el singular acaba en vocal tónica o consonante, el plural se forma añadiendo **-es** *(francés/franceses)*.

Los determinantes

Los **determinantes** son palabras que acompañan al nombre, concretan su significado y llevan su mismo género y número. Pueden ser **artículos, demostrativos, posesivos** y **numerales.**

Artículos

Los **artículos** pueden ser:

- **Determinados,** que acompañan a nombres de objetos y seres conocidos **(el, la, los** y **las).**
- **Indeterminados,** que acompañan a nombres de objetos y seres desconocidos **(un, una, unos** y **unas).**

Demostrativos

Los **demostrativos** acompañan al nombre y sitúan el ser u objeto señalado cerca **(este, esta, estos, estas),** a distancia media **(ese, esa, esos, esas)** o lejos **(aquel, aquella, aquellos, aquellas)** de la persona que habla.

Posesivos

Los determinantes **posesivos** acompañan al nombre y expresan posesión o pertenencia. Concuerdan con él en género y número.

	Un poseedor	Varios poseedores	
	Masculino y femenino	Masculino	Femenino
Singular	mi, tu, su	nuestro, vuestro	nuestra, vuestra
Plural	mis, tus, sus	nuestros, vuestros	nuestras, vuestras

Numerales

Los **determinantes numerales cardinales** acompañan al nombre y expresan cantidad *(uno, dos, tres, cuatro, cien, dos mil...)*.
Los **numerales ordinales** no son determinantes, sino adjetivos, e indican orden *(segundo, cuarto, sexto, duodécimo...)*.

Los pronombres personales

Los **pronombres** son palabras que sustituyen a los nombres. Los pronombres que hacen referencia a personas y otros seres se llaman **pronombres personales.**

	Singular	Plural
1.ª persona (designa a quien habla)	yo	nosotros/nosotras
2.ª persona (designa a quien escucha)	tú	vosotros/vosotras
3.ª persona (designa de quien se habla)	él/ella	ellos/ellas

El verbo

El **verbo** es la palabra que indica acción *(comprar, leer, escribir...)* o estado *(dormir, pensar, parecer...)*.

Está formado por el **lexema** o la **raíz,** que no cambia *(**cant**o, **cant**é, **cant**aremos)*, y las **desinencias,** que indican número y persona *(cant**o**, cant**é**, cant**aremos**)*.

	Singular	Plural
1.ª persona	*Yo paseo.*	*Nosotros/nosotras paseamos.*
2.ª persona	*Tú paseas.*	*Vosotras/vosotros paseáis.*
3.ª persona	*Ella/él pasea.*	*Ellos/ellas pasean.*

Las formas verbales pueden ser: **personales,** formas con desinencias que indican número y persona *(nosotros habl**amos**, ella habl**ará**)*; y **no personales,** formas que no tienen desinencias *(hablar, hablando, hablado)*.

Los **tiempos verbales** indican el momento en que se produce la acción. Los tiempos verbales son: **pasado,** cuando la acción ya se ha producido *(yo hablé)*; **presente,** cuando la acción se produce en el momento en que se habla *(yo hablo)*; y **futuro,** cuando la acción se va a producir *(yo hablaré)*.

Los verbos se clasifican en **tres conjugaciones: primera conjugación,** terminados en **-ar** *(plantar)*; **segunda conjugación,** terminados en **-er** *(aprender)*; y **tercera conjugación,** terminados en **-ir** *(recibir)*.

Los adverbios

Los **adverbios** expresan circunstancias de **lugar** *(cerca, lejos...)*, **tiempo** *(ayer, mañana...)*, **modo** *(bien, despacio...)*. Pueden complementar a un verbo *(Susana se va **mañana**)*, a un adjetivo *(El libro es **bastante** grande)* o a otro adverbio *(La profesora lee **muy** bien)*.

Las preposiciones

Las **preposiciones** sirven para relacionar unas palabras con otras. Son preposiciones: *a, ante, bajo, con, contra, de, desde, durante, en, entre, hacia, hasta, mediante, para, por, según, sin, sobre, tras.*

Las conjunciones

Las **conjunciones** sirven para unir palabras *(fútbol **y** baloncesto)* u oraciones *(Haz ejercicio **y** bebe agua)*.

Enunciado, frase y oración

Un **enunciado** es una palabra o un conjunto de palabras ordenadas que forman un mensaje con sentido completo. Si el enunciado no tiene verbo, se llama **frase** *(¡Buenos días!)*. Si el enunciado tiene verbo, se llama **oración** *(¿Te ha gustado mi pastel?)*.

La oración: sujeto y predicado

En la oración podemos diferenciar dos partes: **sujeto,** que es la palabra o grupo de palabras de las que se dice algo, y **predicado,** que es la palabra o grupo de palabras que expresan lo que se dice del sujeto.

La palabra más importante del sujeto y del predicado se llama **núcleo.** El núcleo del sujeto es el nombre o el pronombre, y el núcleo del predicado es el verbo.

Clases de oraciones

Según la intención comunicativa, las oraciones pueden ser:

- **Enunciativas,** para dar información. Pueden ser **afirmativas** *(He enviado una carta)* o **negativas** *(Carmela no compró pan)*.
- **Interrogativas,** para hacer preguntas. En la escritura, van siempre entre signos de interrogación *(¿Cuántos años tienes?)*.
- **Exclamativas,** para expresar sorpresa, miedo, alegría... En la escritura, van siempre entre signos de exclamación *(¡Qué alegría me has dado!)*.

¡Reglas ortográficas!

Palabras agudas, llanas y esdrújulas

La sílaba que pronunciamos con mayor fuerza de voz es la **sílaba tónica.** Las otras sílabas son **sílabas átonas.**

Según la posición de la sílaba tónica, las palabras se clasifican en:

- **Agudas,** cuando la sílaba tónica es la última *(castor, mamá)*.
- **Llanas,** cuando la sílaba tónica es la penúltima *(gallina, López)*.
- **Esdrújulas,** cuando la sílaba tónica es la antepenúltima *(hipopótama, Penélope)*.

La tilde

Algunas palabras llevan el signo de la **tilde (´)** sobre la sílaba tónica:

- Las palabras **agudas** llevan tilde cuando acaban en **-n, -s** o **vocal** *(melocotón, además, cartel)*.
- Las palabras **llanas** llevan tilde cuando no acaban en **-n, -s** o **vocal** *(árbol, césped, hamburguesa)*.
- Las palabras **esdrújulas** llevan tilde siempre *(médico, científico, fantástico)*.

El diptongo

El **diptongo** lo forman dos vocales seguidas que pertenecen a la misma sílaba. Una de las vocales siempre será **cerrada (i, u)** y la otra puede ser **abierta (a, e, o)** o **cerrada:**

cerrada + cerrada	cerrada + abierta	abierta + cerrada
ciu-dad	*cie-lo*	*pei-ne*

El hiato

El **hiato** lo forman dos vocales seguidas que pertenecen a sílabas distintas. Una de las vocales siempre será **abierta** (**a, e, o**) y la otra puede ser **abierta** o **cerrada** (**i, u**):

abierta + abierta	cerrada + abierta	abierta + cerrada
lí-ne-a	*dor-mí-a*	*ba-úl*

La diéresis

Para que la **u** suene en **güe, güi,** formando así un diptongo, se coloca una diéresis: *piragüista, antigüedad.*

El punto

El **punto (.)** indica una pausa larga en la lectura. Utilizamos punto para separar **oraciones (punto y seguido),** para separar párrafos **(punto y aparte)** y al final de un escrito **(punto final).**

La coma

La **coma (,)** indica una pausa breve en la lectura. Algunos usos de la coma son:

- En una enumeración *(En la cesta llevo pastel, limonada, manzanas y queso)*.
- En una aclaración *(Úrsula, la bruja del mar, le robó la voz)*.
- Antes y después de expresiones como *primero, después, de repente, por ejemplo…*

La mayúscula

Se escribe con **mayúscula inicial:**

- Al **comienzo** de una oración o un escrito.
- **Después** de un punto.
- En los **nombres propios.**

Los dos puntos

Los **dos puntos (:)** se utilizan detrás del saludo en una carta, para indicar el inicio de una enumeración o para indicar el inicio de una cita textual.

El punto y la coma

El **punto y coma (;)** se utiliza para separar oraciones cuyo significado está relacionado o para separar distintas partes de una oración en la que ya hay alguna coma.

Los puntos suspensivos

Los **puntos suspensivos (…)** indican que una oración está incompleta.

Los paréntesis

Los **paréntesis ( )** se utilizan:

- Para separar aclaraciones o incisos.
- Para introducir datos concretos.

Las comillas

Las **comillas (« »)** se utilizan:

- Para **reproducir** las palabras exactas o pensamientos de alguien (*Mi madre me dijo: «Ten cuidado»*).
- Para **destacar** una palabra o expresión extranjera u otra palabra o expresión, por ejemplo, utilizada en sentido irónico (*He comprado una «baguette» en la panadería; ¡Qué «bonita» tarde! No para de llover*).
- Para los **títulos** de las obras de arte: (*«Las Meninas» es un cuadro de Velázquez; «Harry Potter y la piedra filosofal» es mi película favorita*).

El guion

El **guion (-)** se utiliza para separar las sílabas de una palabra y dividirla cuando no cabe completa al final de línea.

La *m* antes de *p* y *b*

Delante de **b** y **p** se escribe siempre **m,** y nunca *n* (*lámpara, ambiente*).

La *r*

- El **sonido suave de la r** se escribe siempre con una sola **r** (*nariz*).
- El **sonido fuerte de la r** se escribe **rr** cuando va entre vocales (*carro*) y **r** al comienzo de palabra y detrás de **l, n** y **s** (*rueda, alrededor, enredo, israelita*).

Palabras con *b* y con *v*

Se escriben con **b:**

- Las palabras que empiezan por las sílabas **bu-, bur-** y **bus-** (*burro, burbuja, busto*).
- Todas las formas verbales de los verbos cuyo infinitivo termina en **-bir** y **-buir** (*percibir, contribuir*); excepto *vivir, hervir* y *servir*.
- Las terminaciones verbales **-aba, -abas, -ábamos, -abais, -aban** (*hablaba, hablabas...*).

Se escriben con **v:**

- Los adjetivos terminados en **-ivo/-iva, -evo/-eva, -avo/-ava, -ave, -eve** (*activa/activo, nuevo/nueva, eslavo/eslava, suave, breve*).
- Después de **b, n** y **d** (*obviamente, enviar, advertir*).
- Todas las formas de los verbos **vivir, hervir** y **servir.**

Palabras con *h*

Se escriben con **h:** las formas de los verbos **hacer, haber, hablar, hallar, habitar;** y las palabras que empiezan por **hie-, hue-, hui-** (*hielo, huella, huida*).

Palabras con *g* y con *j*

Se escriben con **g:** las palabras que comienzan por **geo-** y **gest-** (*geología, gesto*); los verbos terminados en **-ger, -gir,** y todas sus formas verbales, excepto *tejer* y *crujir* (*recoger, fingir*).

Se escriben con **j:** las palabras terminadas en **-jero, -jería** (*relojero, brujería*); y las palabras terminadas en **-aje, -eje** (*maquillaje, maneje*).

Palabras terminadas en *-d* y en *-z*

- El plural de las palabras acabadas en **-d** se forma añadiendo **-des** (*ciudad, ciudades*).
- El plural de las palabras acabadas en **-z** se forma añadiendo **-ces** (*nuez, nueces*).

Palabras con *ll* y con *y*

Se escriben con **ll:**

- Las palabras terminadas en **-illo, -illa, -ello, -ella, -alle, -elle** (*amarillo, chiquilla, bello, aquella, valle, muelle*).
- La mayor parte de los verbos terminados en **-illar, -ullar** y **-ullir** en todas sus formas (*chillar, maullar, engullir*).

Se escriben con **y:**

- Las palabras que contienen las sílabas **yec** y **yer** (*trayecto, yerno*).
- Algunas formas de verbos que no contienen ni **y** ni **ll** en su infinitivo (*leyó, vayamos*).
- Detrás de **ad-, des-, dis-** y **sub-** (*adyacente*).

Palabras con *x*

Se escriben con **x** las palabras que:

- Empiezan por los prefijos **ex-** y **extra-** (*exalumno, extraordinario*).
- Empiezan por la sílaba **ex** seguida de **h** o de **vocal** (*exhibir, examen*).
- Contienen los grupos consonánticos **pr** y **pl,** excepto *esplendor* y *espliego* (*expresivo, explicar*).
- Empiezan por **xeno-, xero-** y **xilo-** (*xenófobo, xerografía, xilófono*).

¡Conjugaciones verbales!

Cantar

VERBO REGULAR • 1.ª CONJUGACIÓN

Indicativo

	FORMAS SIMPLES	FORMAS COMPUESTAS
	Presente	**Pretérito perfecto compuesto**
yo	canto	he cantado
tú	cantas	has cantado
él/ella/Ud.	canta	ha cantado
nosotros/as	cantamos	hemos cantado
vosotros/as	cantáis	habéis cantado
ellos/as/Uds.	cantan	han cantado
	Pretérito imperfecto	**Pretérito pluscuamperfecto**
yo	cantaba	había cantado
tú	cantabas	habías cantado
él/ella/Ud.	cantaba	había cantado
nosotros/as	cantábamos	habíamos cantado
vosotros/as	cantabais	habíais cantado
ellos/as/Uds.	cantaban	habían cantado
	Pretérito perfecto simple	**Pretérito anterior**
yo	canté	hube cantado
tú	cantaste	hubiste cantado
él/ella/Ud.	cantó	hubo cantado
nosotros/as	cantamos	hubimos cantado
vosotros/as	cantasteis	hubisteis cantado
ellos/as/Uds.	cantaron	hubieron cantado
	Futuro simple	**Futuro compuesto**
yo	cantaré	habré cantado
tú	cantarás	habrás cantado
él/ella/Ud.	cantará	habrá cantado
nosotros/as	cantaremos	habremos cantado
vosotros/as	cantaréis	habréis cantado
ellos/as/Uds.	cantarán	habrán cantado
	Condicional simple	**Condicional compuesto**
yo	cantaría	habría cantado
tú	cantarías	habrías cantado
él/ella/Ud.	cantaría	habría cantado
nosotros/as	cantaríamos	habríamos cantado
vosotros/as	cantaríais	habríais cantado
ellos/as/Uds.	cantarían	habrían cantado

Correr

VERBO REGULAR • 2.ª CONJUGACIÓN

Indicativo

	FORMAS SIMPLES	FORMAS COMPUESTAS
	Presente	**Pretérito perfecto compuesto**
yo	corro	he corrido
tú	corres	has corrido
él/ella/Ud.	corre	ha corrido
nosotros/as	corremos	hemos corrido
vosotros/as	corréis	habéis corrido
ellos/as/Uds.	corren	han corrido
	Pretérito imperfecto	**Pretérito pluscuamperfecto**
yo	corría	había corrido
tú	corrías	habías corrido
él/ella/Ud.	corría	había corrido
nosotros/as	corríamos	habíamos corrido
vosotros/as	corríais	habíais corrido
ellos/as/Uds.	corrían	habían corrido
	Pretérito perfecto simple	**Pretérito anterior**
yo	corrí	hube corrido
tú	corriste	hubiste corrido
él/ella/Ud.	corrió	hubo corrido
nosotros/as	corrimos	hubimos corrido
vosotros/as	corristeis	hubisteis corrido
ellos/as/Uds.	corrieron	hubieron corrido
	Futuro simple	**Futuro compuesto**
yo	correré	habré corrido
tú	correrás	habrás corrido
él/ella/Ud.	correrá	habrá corrido
nosotros/as	correremos	habremos corrido
vosotros/as	correréis	habréis corrido
ellos/as/Uds.	correrán	habrán corrido
	Condicional simple	**Condicional compuesto**
yo	correría	habría corrido
tú	correrías	habrías corrido
él/ella/Ud.	correría	habría corrido
nosotros/as	correríamos	habríamos corrido
vosotros/as	correríais	habríais corrido
ellos/as/Uds.	correrían	habrían corrido

Decidir

VERBO REGULAR • 3.ª CONJUGACIÓN

Indicativo

	FORMAS SIMPLES	FORMAS COMPUESTAS
	Presente	**Pretérito perfecto compuesto**
yo	decido	he decidido
tú	decides	has decidido
él/ella/Ud.	decide	ha decidido
nosotros/as	decidimos	hemos decidido
vosotros/as	decidís	habéis decidido
ellos/as/Uds.	deciden	han decidido
	Pretérito imperfecto	**Pretérito pluscuamperfecto**
yo	decidía	había decidido
tú	decidías	habías decidido
él/ella/Ud.	decidía	había decidido
nosotros/as	decidíamos	habíamos decidido
vosotros/as	decidíais	habíais decidido
ellos/as/Uds.	decidían	habían decidido
	Pretérito perfecto simple	**Pretérito anterior**
yo	decidí	hube decidido
tú	decidiste	hubiste decidido
él/ella/Ud.	decidió	hubo decidido
nosotros/as	decidimos	hubimos decidido
vosotros/as	decidisteis	hubisteis decidido
ellos/as/Uds.	decidieron	hubieron decidido
	Futuro simple	**Futuro compuesto**
yo	decidiré	habré decidido
tú	decidirás	habrás decidido
él/ella/Ud.	decidirá	habrá decidido
nosotros/as	decidiremos	habremos decidido
vosotros/as	decidiréis	habréis decidido
ellos/as/Uds.	decidirán	habrán decidido
	Condicional simple	**Condicional compuesto**
yo	decidiría	habría decidido
tú	decidirías	habrías decidido
él/ella/Ud.	decidiría	habría decidido
nosotros/as	decidiríamos	habríamos decidido
vosotros/as	decidiríais	habríais decidido
ellos/as/Uds.	decidirían	habrían decidido

Haber

VERBO IRREGULAR • 2.ª CONJUGACIÓN

Indicativo

	FORMAS SIMPLES
	Presente
yo	he
tú	has
él/ella/Ud.	ha
nosotros/as	hemos
vosotros/as	habéis
ellos/as/Uds.	han
	Pretérito imperfecto
yo	había
tú	habías
él/ella/Ud.	había
nosotros/as	habíamos
vosotros/as	habíais
ellos/as/Uds.	habían
	Pretérito perfecto simple
yo	hube
tú	hubiste
él/ella/Ud.	hubo
nosotros/as	hubimos
vosotros/as	hubisteis
ellos/as/Uds.	hubieron
	Futuro simple
yo	habré
tú	habrás
él/ella/Ud.	habrá
nosotros/as	habremos
vosotros/as	habréis
ellos/as/Uds.	habrán
	Condicional simple
yo	habría
tú	habrías
él/ella/Ud.	habría
nosotros/as	habríamos
vosotros/as	habríais
ellos/as/Uds.	habrían

PIEZA A PIEZA 4 Es un proyecto educativo de Anaya para Educación Primaria.

En la realización de este libro han intervenido:

- **Equipo de edición:** Carmen Arroyo, Carmen Carrasco, Isabel García, Olivia Melara, Nayeli Rodríguez y Maite Vargas.
- **Diseño y gráficos:** Patricia G. Serrano, Juan Carlos Quignon.
- **Ilustración:** Esther Burgueño.
- **Maquetación:** Raquel Horcajo.
- **Corrección:** Miguel Ángel Alonso.
- **Edición gráfica:** Rocío Álvarez.
- **Fotografías:** Archivo Anaya (Candel, C.; Cosano, P.; Enríquez, S.; Lacey, T.; Martín, J.; Martín, J.A.; Padura, S.; Peñuela Py, E.; Rivera Jove, V.; Sánchez, J.; Valls, R.; Velasco, P. Fototeca de España; Vázquez, A.); 123RF (Akkaradech Pramoonsin, Andrii Kaderov, Ashwin Kharidehal Abhirama, aquafree, kraphix, Lukas Gojda, Mariam Hambardzumyan, natchapohn, Nehomar Efren Hernandez Navas, Ondrej Prosicky, Ralf Maassen, solarseven, Tyler Olson, Vladyslav Rasulov, yupiramos, Александр Ермолаев); Age Fotostock (NMPFT/SSPL, Dan Barba/Stock Connection); Alamy (Gordon Scammell, Granger Historical Picture Archive, Heritage Image Partnership Ltd; Liam White, Marjorie Kamys Cotera/Bob Daemmrich Photography, Pictorial Press Ltd, ZUMA Press, Inc.); Album (Album/akg-images); ©Fundación CNSE para la Supresión de las Barreras de Comunicación; Isabel García; iStock (ALLEKO, AnjelaGr, LenSoMy, LUNAMARINA); ©Mark Stone/University of Washington; Noemí Villamuza; © Salvador Dalí, Fundación Gala-Salvador Dalí; VEGAP, Madrid, 2018; Vicente Muñoz Puelles.
- **Edición de audios:** Eva Artaechevarría y Guadalupe González Triano. Reportaje «El animal más peligroso» de Álvaro Mendoza Productions. Canción popular «Suspira el viento», adaptada por Eva F. Gancedo y Eliseo Parra; grabación y mezcla de Luis Lozano; interpretada por Eva F. Gancedo, Eliseo Parra, Josete y Werner Glasser. Canción «La flauta baila sola», original de Teresa Aguado, Alfonso Cifuentes, Eva F. Gancedo y Rafael Rivas; cantada por Woulfrank Zannou «Killer B», interpretada con la flauta dulce por Teresa Aguado y Rafael Rivas. Producida por Eva F. Gancedo.

Las **normas ortográficas** seguidas en este libro son las establecidas por la Real Academia Española en la *Ortografía de la lengua española,* publicada en el año 2010.

Nuestras publicaciones mantienen el rigor en el uso y en la selección de los contenidos, en las imágenes y en el lenguaje, para cumplir con la **no discriminación** por razón de género, cultura u opinión.

IMPORTANTE. Las actividades propuestas en este libro deben ser realizadas en cuadernos u hojas sueltas; nunca en el propio libro.

ISBN: 978-84-698-5016-9 - Depósito Legal: M-1891-2019 - Printed in Spain.

ET034639/1E2I - 8390085